8° Lb 48 681

Paris
1816

Ganilh, Charles

Des droits constitutionnels de la Chambre des Députés en matière de finances, ou Réfutation des doctrines de M. le Cte

DES DROITS

CONSTITUTIONNELS

DE

LA CHAMBRE DES DÉPUTES,

EN MATIÈRE DE FINANCES.

DE L'IMPRIMERIE DE LEBLANC.

DES DROITS
CONSTITUTIONNELS

DE

LA CHAMBRE DES DÉPUTÉS,

EN MATIÈRE DE FINANCES,

OU

RÉFUTATION DES DOCTRINES

DE M. LE COMTE GARNIER,

DANS SON RAPPORT A LA CHAMBRE DES PAIRS,

Sur le Budget de 1815;

PAR M. CH. GANILH,

Député du département du Cantal.

Hanc veniam damus, petimusque vicissim.
HORAT.

A PARIS,

CHEZ DETERVILLE, LIBRAIRE,

Rue Hautefeuille, n°. 8.

1816.

INTRODUCTION.

Le moment d'agiter des questions de prérogatives, de fixer la limite des pouvoirs constitutionnels, et d'assigner à chacun ses facultés et ses attributions, n'est pas opportun. On doit soigneusement éviter tout ce qui peut faire fermenter les passions, diviser les esprits, prolonger les discordes. Réunir tous les Français sous l'empire de la Charte, rétablir par-tout la confiance, seul remède aux maux qui affligent la patrie, voilà quel doit être l'objet constant de tous les efforts, de tous les vœux, de toutes les espérances. Il est fâcheux que, dans le rapport à la Chambre des pairs sur le budget de 1815, on se soit engagé dans des controverses sur les droits constitutionnels de la Chambre des députés en matière de finances. Les circonstances auraient suffi pour fixer les bonnes doctrines sur ce point important, et il eût été sage de s'en reposer sur la nécessité qui a eu tant de part à toutes les institutions sociales.

Mais puisqu'on n'a pas vu de danger à de telles controverses, ou qu'on ne l'a pas redouté, je ne puis pas mériter des reproches en combattant des doctrines qui me paraissent erronées, et en prouvant leur opposition avec l'esprit et la lettre de la Charte. Garder le silence sur des erreurs de cette importance, ce serait les accréditer, et se rendre en quelque sorte complice des calamités qui peuvent en résulter.

On remarque, dans ce rapport, quatre propositions qui, par leur liaison et leur enchaînement, embrassent toute la théorie de la législation politique en finances, et qui, il faut en convenir, la simplifient prodigieusement, puisqu'elles réduisent toute la coopération des Chambres, dans cette partie de la législation, *au consentement à l'impôt.*

Je n'exagère point : l'honorable rapporteur enseigne :

1°. Que la proposition et la rédaction de la loi des finances doivent appartenir au gouvernement, et que les deux Chambres doivent se borner à y donner leur consentement (1);

2.° Que le consentement des Chambres à l'impôt ne leur donne pas le droit d'examiner, de contrôler et de régler l'emploi des deniers publics (2);

3°. Que la libre administration des finances est une des branches du pouvoir exécutif; que sans cette libre administration on ne peut pas concevoir de puissance exécutive, et qu'on ne peut pas séparer la personne des ministres de la personne du Roi (3);

4°. Enfin que les ministres ne sont comptables qu'au Roi des ordres qu'ils ont reçus de lui (4).

Du rapprochement de ces quatre propositions du Rapport, il résulte évidemment que l'honorable rapporteur réduit toutes les attributions des deux Chambres, en matière de finances, à leur consentement à l'impôt. Si c'est là toute leur mission sur ce point,

---

(1) Page 31 et suiv. du Rapport.
(2) Page 17 *ibid.*
(3) Pages 21 et 22.
(4) Page 23 *ibid.*

qui touche de si près aux intérêts les plus chers du peuple, il faut convenir qu'elle diffère bien de celle que l'opinion publique a attribuée depuis vingt-cinq ans aux législatures qui les ont précédées; de celle qui dérive des lois portées pendant cette époque; de celle que les usages antérieurs, et même postérieurs à la Charte ont consacrée. Toujours les législateurs ont discuté et amendé la loi des finances; toujours les ministres ont publié et communiqué aux législatures les comptes de leur gestion et administration; toujours les ministres se sont considérés comme responsables envers la législature de l'exécution de la loi des finances.

La Charte a-t-elle innové à cet égard, établi une nouvelle théorie, fondé un nouvel ordre de choses? Si cela est, il faut s'y soumettre, mais auparavant il convient d'examiner si l'honorable rapporteur ne s'est pas mépris sur ses dispositions, sa lettre et son esprit. Obéir à la Charte est le devoir de tous les Français, mais elle seule a droit à leur obéissance.

DES DROITS

CONSTITUTIONNELS

DE

LA CHAMBRE DES DÉPUTÉS,

EN MATIÈRE DE FINANCES.

~~~~~~

CHAPITRE PREMIER.

La Chambre des Députés et la Chambre des Pairs ont le droit de concourir à la formation de la loi des finances.

La loi des finances doit se proposer deux objets; la fixation des besoins publics et le choix des moyens les plus convenables pour y subvenir.

Quoique ces deux objets soient distincts, ils ne sont point étrangers l'un à l'autre; ils ont au contraire des relations tellement nécessaires, qu'on ne peut ni les considérer isolément, ni y statuer séparément, ni les faire dépendre de deux pouvoirs indépendans l'un de l'autre. Il faut que la même
~~~~~~

autorité qui règle les besoins publics ait à sa disposition les moyens d'y pourvoir, et quand cette autorité réside dans plusieurs pouvoirs, le réglement des besoins publics et le choix des moyens doivent émaner de leur concours.

Dans les premiers âges de notre monarchie, les moyens de pourvoir aux besoins publics consistaient principalement dans les domaines du Roi et dans les produits des droits régaliens, et par conséquent au Roi seul appartenait la fixation des besoins publics, puisqu'il avait seul les moyens d'y pourvoir. C'était alors un devoir et non une prérogative de la royauté.

Ce n'est pas que dans les temps dont je parle, les Français ne contribuassent point aux besoins de l'état; mais leurs contributions étaient temporaires, accidentelles et accessoires aux moyens propres au monarque ; et comme le déficit des moyens, ou l'excédant des dépenses ne retombait point à leur charge, ils n'avaient ni raison, ni intérêt de s'immiscer dans la fixation des besoins publics.

Lors même que dans des temps postérieurs l'épuisement des moyens ordinaires força le monarque à chercher des ressources nouvelles dans des contributions sur les fortunes privées ; lorsque les divers ordres se soumirent à des impôts permanens, connus sous le nom de gabelles, d'aides et de tailles , le peuple ne dut encore prendre aucune part à la fixation des besoins publics, parce que la concession des nouveaux impôts n'était pas gratuite. Ils ne furent consentis qu'en remplacement de droits régaliens très-onéreux au peuple , tels que la variation des monnaies, les droits de gîte et de transport , et sur-tout le service personnel, dans les cas déterminés et pour un temps fixe et limité (1). Il était donc juste et raisonnable que cet échange, qui ne donnait au Roi qu'un équivalent de ce qu'il cédait , ne le dépouillât d'aucune de ses prérogatives. C'est ainsi qu'on conçoit et qu'on peut expliquer l'opinion aussi ancienne que la monarchie, que la nation ne peut être imposée que de son consentement, et le fait de l'augmentation graduelle et successive des impôts concédés et même de la création de nouveaux impôts sans le consentement du peuple. L'opinion conservait la tradition du droit, et le Roi suivait l'irrésistible impulsion de la nécessité, et, comme il est presque toujours arrivé, l'usage avait pour ainsi dire détruit le droit.

Mais enfin, lorsque les besoins publics se furent accrus au point qu'ils dépassaient les moyens que le monarque puisait dans ses domaines, dans les impôts concédés et autorisés par l'usage ; lorsqu'il

---

(1) *Voyez* l'Abrégé de l'Histoire de France par le président Hénault , années 1364 et 1446.

(4)

fut impossible d'étendre les impôts existans, et dangereux d'en créer de nouveaux, on rendit hommage à l'antique droit de la nation, on convoqua les états-généraux, et on leur demanda de nouveaux moyens pour combler le déficit, et proportionner les ressources aux besoins.

Jetons le voile sur les suites de cette convocation, franchissons la révolution, et arrivons à la Charte.

Quelle était dans ce moment la situation de nos finances, et dans quel rapport étaient les moyens avec les besoins publics?

La presque totalité des domaines qui formaient l'ancienne dotation de la couronne avait été aliénée, et le prix en était consommé; ce qui en restait n'aurait pas suffi à l'entretien du monarque et de sa famille. En un mot, on ne pouvait égaler les moyens aux besoins que par des impôts sur la propriété privée.

C'est aussi ce qu'a fait la Charte, « elle a imposé » à tous les Français indistinctement l'obligation » de contribuer, dans la proportion de leur fortune, » aux charges de l'état ». (Art. 2.)

Mais, comme l'a fort bien observé l'honorable rapporteur, *la loi a toujours réglé en France le sort des propriétés*(1). La Charte ne pouvait donc, sans

____

(1) Page 32 du Rapport.

innover, distinguer la loi des finances des autres branches de la législation. Aussi les a-t-elle assimilées et soumises aux mêmes pouvoirs, aux mêmes règles et aux mêmes formes. (Art. 17.)

La seule différence qu'elle a faite entre la loi des finances et les autres lois, est que celles-ci peuvent être proposées par le Roi à l'une ou à l'autre des deux Chambres, tandis que celle-là doit être proposée d'abord à la Chambre des députés.

Les motifs de cette disposition sont les mêmes que ceux qui ont fait classer la loi des finances dans la législation ordinaire. Comme c'est à la loi qu'il appartient en France de régler le sort de la propriété, il était raisonnable et nécessaire que la Chambre des députés, qui représente la presque totalité de la propriété, fût saisie la première de la proposition de la loi des finances, qui doit régler la part des Français et celle de l'État dans les propriétés privées.

Dans ces dispositions de la Charte respire l'esprit de notre ancienne monarchie ; mais ce serait se tromper grossièrement que de croire qu'on peut appliquer à la loi actuelle des finances qui dispose de la fortune des Français, les règles et les procédés de l'ancienne loi, qui ne l'atteignait point, ou qui ne pouvait en détacher qu'une portion fixe et déterminée. Les formes de la législation financière ont dû changer avec son objet, et l'on ne peut plus juger de ce qui est par ce qui a été.

On ne peut pas même regarder comme une dérogation à notre antique législation la disposition de la Charte, qui dit que :

« La puissance législative s'exerce collectivement » par le Roi, la Chambre des pairs et la Chambre » des députés des départemens ». (Art. 15.)

Quoique les procédés de la législation de notre ancienne monarchie n'aient pas été uniformes, on ne peut cependant méconnaître, comme l'a fort bien remarqué l'honorable rapporteur, que le peuple français *retint toujours un droit de concours plus ou moins direct dans l'exercice de la puissance législative* (1).

Ce n'est pas ici le lieu de chercher comment s'effectuait ce concours aux différentes époques de notre monarchie, on courrait le risque d'embrasser un sujet fécond en controverses; mais on ne peut méconnaître que toutes nos lois dispositives ou régulatrices de la propriété, les lois des Francs, les capitulaires, les coutumes et le droit romain, ne soient toutes émanées de la volonté ou du consentement du peuple français, l'une et l'autre provoqués ou approuvés par l'autorité royale.

____

(1) Page 25 du Rapport.

La Charte, en donnant au Roi la proposition et la sanction des lois, et aux deux Chambres la discussion, l'amendement, le rejet ou l'adoption, n'a donc fait que régulariser l'ordre ancien, substituer des formes fixes à des formes variables, et pour ainsi dire rajeunir notre antique gouvernement.

Par ce rapprochement de la loi ancienne et de la loi nouvelle, du régime précédent et du régime actuel, de ce qui a été avec ce qui est, on peut se former des notions exactes de ce qui doit être, et apprécier la justesse et la solidité des doctrines du rapport à la Chambre des pairs sur le budget de 1815.

« L'article 47 de la Charte, dit l'honorable rap-
» porteur, veut que la loi de l'impôt qui sera por-
» tée à la Chambre des pairs, soit une proposition
» royale adoptée par la Chambre des députés. Ce
» qu'on vous présente aujourd'hui, ce sont des
» propositions de la Chambre des députés admises
» par le Roi.

» Ici l'ordre constitutionnel est interverti; la
» marche des pouvoirs a été dans un sens com-
» plétement inverse, et dans le sens le plus opposé
» à la dignité de la couronne et aux vrais intérêts
» du peuple (1) ».

---

(1) *Ibid.* page 6.

N'y a-t-il pas dans cette censure de la conduite de la Chambre des députés beaucoup d'exagération? Quelle si grande différence y a-t-il donc entre une proposition du Roi adoptée par la Chambre des députés, et une propositon de la Chambre des députés consentie par le Roi? Le résultat n'est-il pas le même dans les deux cas, et n'arrive-t-on pas toujours au concours de la volonté royale et de la volonté de la Chambre des députés, condition essentielle et indispensable de toute proposition de loi portée de la Chambre des députés à la Chambre des pairs?

Cette proposition de loi, quoique réunissant la volonté des deux pouvoirs, serait-elle vicieuse, parce que la volonté de la Chambre aurait entraîné la volonté du Roi au-lieu d'être entraînée par elle? Cela serait assez difficile à concevoir. Que veut le Roi, quand il propose une loi à la Chambre des députés? Que veut cette Chambre, quand elle fait au Roi une contre-proposition? Le Roi et la Chambre veulent que la loi soit bonne, utile, tout ce qu'elle doit être pour le bien de l'Etat; ni l'un ni l'autre ne peuvent avoir d'autre intention ni d'autre but.

Si le Roi juge que la contre-proposition de la Chambre des députés est préférable à sa proposition, ne pourra-t-il s'en emparer, sans manquer à la dignité de sa couronne? Il me semble que, dans cette hypothèse, sa puissance serait en opposition avec sa dignité, et que son noble caractère serait moins auguste, s'il pouvait être un obstacle à sa bonté et à son amour pour son peuple. En un mot, introduire dans les relations des deux Chambres avec le Roi, pour la formation de la loi, d'autres principes que les principes éternels de la raison et de l'intérêt du peuple, ce serait les pervertir, les dénaturer et les corrompre ; et ce serait bien alors qu'il faudrait dire que de semblables procédés sont dans un sens inverse et le plus opposés à la dignité de la couronne et aux intérêts du peuple.

L'honorable rapporteur avait-il plus de raison de dire :

« *L'abus* que nous vous signalons ici, et qui ne
» tend à rien moins qu'au renversement total du
» système de la monarchie, procède uniquement
» d'une fausse interprétation de l'article 46 de la
» Charte, dont le sens mal compris a fait croire
» que chaque membre de l'assemblée avait le droit
» de provoquer sur sa simple proposition, en la
» qualifiant d'amendement, une délibération légis-
» lative, en sorte que cette prérogative si textuelle-
» ment, si solennellement réservée au Roi par
» l'article 16, la proposition de la loi s'est trouvée,
» par le fait, dévolue, non pas seulement à la

» Chambre, mais même individuellement à chacun
» de ceux qui la composent (1) ».

Je ne comprends pas, je l'avoue, les motifs de cette censure, ni même ce qui peut y avoir donné lieu. L'honorable rapporteur n'ignore pas que la Chambre des députés ne peut faire d'amendement ou de proposition que par l'organe des députés, et que quand elle a adopté les amendemens et les propositions de ses membres, ces amendemens et propositions lui sont propres, et deviennent des actes émanés d'elle. Comment donc a-t-il pu dire que les amendemens et les propositions des députés attribuent à eux individuellement, et non à la Chambre, la propoposition de la loi ? C'est encore une fois ce qui me paraît tout-à-fait incompréhensible; mais ce qu'il y a de certain, c'est que si la Chambre des députés avait seule la faculté des amendemens et des propositions de loi, et qu'elle ne pût pas en transmettre l'usage à ses membres, cette faculté serait dérisoire, et l'article 46 de la Charte qui l'établit et la constitue, inutile et sans objet. Il faudrait l'effacer de la Charte, résultat bien éloigné, sans doute, des intentions de l'honorable rapporteur.

Je dois pourtant convenir que des membres des deux Chambres dont l'opinion était pour moi du

---

(1) Page 7 du Rapport.

plus grand poids, avaient aussi conçu les plus vives alarmes de la latitude donnée par la Chambre des députés, pendant la session de 1815, à la faculté constitutionnelle des amendemens; mais il m'est impossible de partager leurs inquiétudes, et j'ose croire qu'elles naissaient des circonstances plutôt que d'un danger réel et permanent.

Quelqu'étendue que la Chambre des députés donne à la faculté des amendemens, elle ne pourra jamais lui donner la force et la puissance nécessaire pour s'attribuer tout ou partie de l'initiative des lois que la Charte attribue exclusivement au Roi. Ses amendemens ne peuvent en effet avoir de caractère légal qu'autant qu'ils sont consentis par le Roi, et par conséquent c'est au pouvoir royal et non au pouvoir de la Chambre des députés, qu'ils devront leur efficacité, et, par conséquent, c'est toujours au Roi que restera l'initiative qui lui appartient. Je ne puis donc apercevoir ni danger ni inconvénient dans l'abus même des amendemens.

« Mais, dit l'honorable rapporteur, qui pour-
» rait se faire illusion sur les dangers d'une telle
» forme de procéder dans l'œuvre si auguste et si
» importante de la législation? La rédaction de la
» loi où chaque terme a besoin d'être pesé et mû-
» rement réfléchi, ne peut être fae   que dans le

» calme et le silence du cabinet; elle ne peut être
» bien faite que par celui qui est chargé de l'exécu-
» tion. Le choc des discussions et la chaleur des
» débats font sans doute jaillir d'importantes lu-
» mières et font éclore une foule de matériaux pré-
» cieux ; mais ces matériaux eux-mêmes ne peu-
» vent être mis en œuvre qu'avec une froide et
» lente méditation. Celui qui les emploie doit
» avoir sous les yeux ou dans la pensée toutes les
» lois déjà existantes sur le même objet, et même
» celles qui n'y sont que relatives, pour y appro-
» prier convenablement le nouvel ouvrage qu'il
» s'agit d'y réunir, afin de conserver dans tout le
» système législatif cet ensemble, cette harmonie
» qui font que les diverses dispositions s'expliquent
» les unes par les autres, et se prêtent une lumière
» réciproque qui guide les magistrats et les admi-
» nistrateurs chargés de leur exécution. N'est-on
» pas effrayé d'avance à l'idée de cet amas de dis-
» positions incohérentes et souvent contradic-
» toires, de ce chaos de lois indigestes et souvent dé-
» cousues qui, en peu d'années, encombrerait la lé-
» gislation française, si la rédaction de la loi conti-
» nuait à être livrée au tumulte des délibérations et
» aux chances si hasardeuses de tous ces amende-
» mens et sous-amendemens dont l'impulsion

» d'un premier moment décide si souvent le suc-
» cès (1) ».

La conséquence nécessaire de cette critique des amendemens, est qu'il n'en faut pas admettre. Cependant l'article 46 de la Charte les autorise formellement ; c'est donc à la Charte que l'honorable rapporteur a fait le procès, et non à la Chambre des députés qui, par ses amendemens, n'avait fait qu'user de la faculté que la Charte lui accordait.

Mais la censure que je combats a bien encore d'autres conséquences que je ne ferai pas cependant remarquer, parce qu'elles ne se sont pas présentées, sans doute, à la pensée de l'honorable rapporteur ; je me bornerai à une seule réflexion qui me paraît décisive.

Si les amendemens et les sous-amendemens sortis du tumulte des délibérations devaient, comme le craint l'honorable rapporteur, porter le désordre dans la législation existante, les ministres en feraient justice en donnant au Roi le conseil de ne pas y donner son consentement. Lors même que des considérations du moment pourraient accréditer ces funestes amendemens, et entraîner le suffrage des ministres et le consentement du Roi, la Chambre des pairs, élevée au-dessus des passions

---

(1) Page 18 du Rapport.

populaires, en garantirait la législation. N'oublions pas que nous ne sommes plus dans la situation d'une assemblée unique proposant, délibérant et votant la loi dans un seul et même instant. Nous n'avons plus à craindre qu'un moment d'exaltation ou de fermentation change nos lois et nos destinées. Gardons-nous de nos souvenirs, ils ne sont pas moins à redouter que nos passions, et dans le dessein de nous garantir des inconvéniens inséparables de toute assemblée délibérante, craignons de remettre en honneur l'odieuse conception d'une assemblée de muets, ou de retomber dans la servile abjection d'un peuple obéissant à des lois qui ne sont pas son ouvrage. Montrons-nous dignes de la haute opinion que notre Roi a eue de son peuple en lui donnant les institutions et les lois qui sont l'apanage des peuples éclairés et civilisés.

Si la faculté des amendemens inquiète l'honorable rapporteur dans le système de la législation ordinaire, elle lui paraît encore bien plus redoutable dans la législation des finances.

« C'est sur-tout en finances, nous dit-il, que les
» mesures partielles dépendent essentiellement de
» l'ensemble, qu'elles se coordonnent entr'elles et
» se rattachent à un système général. C'est dans cette
» partie de la législation qui se lie à toutes les
» branches du gouvernement, que le législateur doit

» embrasser un horizon plus vaste et lire dans
» l'avenir à une plus grande distance. C'est là, sur-
» tout, qu'est nécessaire la stabilité de la loi et la
» permanence de ses dispositions, parce que l'or-
» ganisation financière constitue la santé du corps
» politique et est destinée à imprimer le mouve-
» ment et la vie à tous les membres qui le compo-
» sent. Cette responsabilité morale qui s'attache
» continuellement aux ministres..... s'exerce tou-
» jours avec plus d'activité sur le ministre chargé
» du département des finances, parce que son mi-
» nistère touche à tous les intérêts; aussi n'est-il
» aucun ministère qui semble appartenir davan-
» tage à la personne du ministre. Le nom de ce-
» lui-ci inspire ou repousse la confiance.

» Si le plan des finances n'est pas l'ouvrage du
» ministre, que deviendra cette responsabilité
» morale, sur quelle tête ira-t-elle se placer, et où
» cette opinion publique, qui a toujours besoin
» d'exercer sa justice, ira-t-elle chercher son jus-
» ticiable?

» D'un autre côté, quelle espérance de gloire,
» quel intérêt d'amour-propre attachera le minis-
» tre au succès d'un ouvrage qui lui est entière-
» ment étranger? Condamné à exécuter des me-
» sures qu'il a désapprouvées et combattues, quel
» héroïque dévoûment, quelle abnégation surna-

» turelle de soi-même ne faut-il pas lui supposer,
» pour qu'il concoure de tous ses moyens à faire
» réussir un plan dont les résultats devront néces-
» sairement accuser ou justifier la résistance (1)»?

Je pense bien, comme l'honorable rapporteur, que le plan des finances devrait être un dans ses vues, dans ses mesures et dans ses procédés; qu'il devrait atteindre toutes les sources de la fortune publique, et pénétrer dans l'avenir à une grande distance; mais dans quel siècle et dans quel pays l'honorable rapporteur a-t-il vu ce prodige?

Pour moi, je n'ai vu dans notre malheureuse patrie que des inventions fiscales succéder à des inventions fiscales, des expédiens à des expédiens, et par conséquent des calamités à des calamités.

Ouvrez l'histoire de nos finances et vous y trouverez l'ingénieuse réduction du poids et du titre des monnaies, l'aliénation du domaine de nos Rois, la conversion des droits régaliens en impôts des aides, des gabelles, de la taille; l'augmentation de ces impôts jusqu'à leur entier épuisement; la vente des offices, des charges, des emplois et des monopoles; les arriérés, les anticipations, le système de Law, les chambres ardentes, les emprunts forcés et volontaires, les banqueroutes, les assignats, les centimes additionnels, etc., etc.

____

(1) Pages 10, 11 et 12 du Rapport.

Que doit-on voir dans toutes ces mesures? Des moyens de pourvoir au présent sans songer à l'avenir, ou du-moins sans s'en inquiéter. Le meilleur plan a toujours été celui qui promettait de faire régner l'abondance dans le trésor, et nos plus grands ministres des finances sont ceux qui atteignirent ce but si rarement atteint. Leur nombre n'est pas bien grand, et si l'on en excepte Sully, Colbert et Turgot, aucun d'eux n'a jamais calculé le résultat de ses mesures, ou, si l'on veut, de ses plans de finances.

Eût-il donc été bien malheureux que dans cette succession d'expédiens désastreux, la faculté des amendemens eût existé, qu'on en eût fait un libre usage et qu'on l'eût même portée jusqu'à l'abus qui a si vivement affecté l'honorable rapporteur.

Qu'en serait-il résulté?

Il est vraisemblable que d'abord les amendemens n'auraient pas mieux valu que les projets de finances; mais les ministres contenus par la crainte des amendemens, auraient davantage médité leurs moyens et en seraient infailliblement venus à les combiner en un plan, ce qui n'est arrivé qu'à un bien petit nombre d'entr'eux.

Il est vraisemblable encore que les amendemens s'améliorant chaque année, auraient fini par être des améliorations du plan du ministre, et nous aurions vu, en 1815, se renouveler en France l'exemple que l'Angleterre donna au monde en 1798. Là on vit tous les partis se rapprocher pour concerter avec le gouvernement un plan de finances calculé dans l'intérêt de toutes les classes, pesant sur toutes sans en écraser aucune, et dévoilant dans la nation des richesses que 36 milliards payés à l'État en dix-huit ans, semblent n'avoir point épuisées. Si nous avions su ou pu imiter un aussi bel exemple, c'est bien alors que l'honorable rapporteur aurait eu le droit de dire *que l'organisation financière constitue la santé du corps politique et imprime le mouvement et la vie à tous les membres qui le composent.*

Mais dans l'état actuel des choses, il n'est pas de l'intérêt de notre pays de crier contre les amendemens en matière de finances; il faut au contraire les invoquer de toutes nos forces, les encourager, et les accréditer. C'est un des plus grands mobiles de l'amélioration de nos finances.

Je conviens cependant avec l'honorable rapporteur, que si un plan de finances était l'ouvrage *d'un ministre investi de la confiance publique, qui réunît en sa personne le ministère des finances, qui eût fixé sur lui l'opinion publique,* la Chambre des députés devrait se montrer extrêmement réservée dans ses amendemens, et laisser à l'opi-

nion publique *exercer sa justice sur son justi-
ciable.*

Mais je ne craindrai point d'en appeler à la
conscience de l'honorable rapporteur, et je lui
demanderai s'il aurait voté de confiance le budget
de 1815, et s'il n'aurait pas craint, dans les circonstances difficiles où se trouvait la France, que
ce budget ne fût pour elle une calamité nouvelle
ajoutée à toutes les calamités qui l'affligeaient.

Je ne me permets de préjuger ici son opinion
que parce que dans sa critique souvent fondée du
budget substitué par la Chambre des députés à
celui qui lui était présenté par le ministre, il n'a
jamais fait l'éloge de ce dernier, ni même donné
lieu de croire qu'il lui parût préférable à celui qui
lui avait été préféré.

Que pouvait donc faire la Chambre des députés
dans de telles circonstances ?

Adopter de confiance un budget qui avait à
peine trouvé un défenseur parmi ses membres, eût
été envers le Roi et la patrie un tort bien plus
grave que celui d'avoir proposé un nouveau budget. L'adoption d'un tel budget eût été la preuve
d'une coupable indifférence, tandis que la proposition d'un nouveau budget trouvait son excuse
dans l'amour du bien public.

Ne pouvant adopter le budget proposé, la

Chambre devait-elle le rejeter? Telle est, j'en conviens, mon opinion; je l'ai énoncée sans hésiter à la tribune, et les événemens ne m'en ont pas fait changer.

Mais pense-t-on que le rejet des lois et surtout du budget ou de la loi des finances eût présenté moins d'inconvéniens que son amendement, ou même sa refonte totale?

Quand le ministère ne serait confié qu'aux hommes les plus éclairés et les plus versés dans toutes les parties de la législation, on aurait encore raison de craindre que les propositions de loi qu'ils présenteraient aux Chambres ne fussent susceptibles de nombreux et importans amendemens, et dans l'hypothèse où les chambres seraient privées de la faculté des amendemens, ou devraient se les interdire, il est à-peu-près sûr que le rejet des propositions de loi serait plus fréquent que leur adoption. D'où résulteraient nécessairement le discrédit du gouvernement et l'affaiblissement de la considération dont il a besoin pour remplir ses nobles et importantes fonctions.

On le vit bien sous le régime de la Constitution de l'an 8, qui, comme le veut l'honorable rapporteur, ne laissait à la législature que la faculté du rejet ou de l'adoption des projets de loi. Il n'y eut presque pas de proposition de loi qui pût soutenir l'épreuve de la discussion, et qui ne présentât des vices plus ou moins graves, qu'on regrettait de ne pouvoir faire disparaître par la voie si commode des amendemens ; d'où il résultait, que soit que la législature adoptât une loi reconnue vicieuse, ou que le gouvernement la revisât pour prévenir son rejet, l'on était dans l'alternative ou d'avoir une loi vicieuse, qui déshonorait la législature, ou le gouvernement recevait un échec funeste à sa considération. Ce dernier résultat ne fut pas une des moindres causes de la suppression du Tribunat et de sa fusion dans le Corps-Législatif muet, mais sourd aux maux de la patrie.

Maintenant que, grâces à la Charte, les deux Chambres ont le droit de discuter, d'amender et de voter l'adoption ou le rejet des propositions de loi, qu'arriverait-il si, par une timide circonspection, on s'interdisait tout amendement, ou si, par un scrupule mal entendu, on rejetait toute proposition de loi qui paraîtrait défectueuse ? N'accuserait-on pas les deux Chambres d'une servilité qui les déshonorerait et les décréditerait dans la nation, sans utilité pour le gouvernement; ou bien, ne s'établirait-il pas entre le ministère et les deux Chambres une lutte perpétuelle, qui ne laisserait au Roi que la ressource déplorable de renvoyer ses ministres ou de dissoudre la Chambre; alternative également fu-

neste à la marche des affaires, à la stabilité du gouvernement, et à la prospérité publique?

Ces considérations n'influèrent-elles pas sur la
détermination que prit la Chambre des députés de
refaire le budget du ministère plutôt que d'en proposer le rejet? Ne craignit-elle pas que, si elle pro-
posait le rejet du budget, on ne l'accusât de vouloir
entraver la marche du gouvernement, d'aggraver
encore le malheur des circonstances, et de forcer
le Roi à lui sacrifier des ministres qui ne partageaient
pas ses vues? Il ne m'appartient pas de pénétrer ses
véritables intentions, et encore moins de m'en con-
stituer le défenseur ou le juge; mais j'ose dire qu'en
prenant la résolution de refaire le budget, elle con-
sulta moins ses convenances que son amour pour la
chose publique.

Quelques lumières, quelques talens en finances
que la Chambre des députés réunisse dans son sein,
elle ne doit pas se flatter de produire un bon plan
de finances. La raison en est sensible.

Un plan de finances doit être le résultat de connaissances pratiques qui n'existent que dans les bureaux du ministère des finances. La Chambre ne peut
se les procurer que très-difficilement, et sans elles
les plus ingénieuses conceptions ne peuvent inspirer
aucune confiance. Autant il serait imprudent et dé-
raisonnable d'exposer la fortune publique aux dan-

gers d'un plan conçu et rédigé dans les bureaux des finances, sur des données partielles, sans relation et sans ensemble, autant il serait périlleux d'adopter un plan de finances qui ne serait pas basé sur des connaissances pratiques déposées dans les bureaux des finances. On doit donc laisser au ministre des finances le soin de présenter son plan de finances, parce qu'il peut seul combiner les créations du génie avec les lumières de l'expérience.

Mais de là on ne doit pas conclure que la Chambre des députés doit adopter aveuglément et de confiance les plans de tous les ministres des finances. De cette opinion à la doctrine du mutisme de la législature, à l'évidence de son inutilité, et par conséquent aux avantages de sa suppression, je ne vois point de différence, et ce n'est pas certainement à cette conséquence que l'honorable rapporteur a voulu nous conduire.

Me pardonnera-t-on de dire ma pensée toute entière sur un sujet aussi délicat? Je l'ignore, mais je la dirai, parce que je la crois utile et capable de prévenir bien des méprises.

Si, dans mon opinion, la Chambre des députés doit laisser au ministre la peine et la gloire de présenter le plan des finances, elle doit s'imposer la tâche non moins pénible et beaucoup moins glorieuse, d'en dévoiler les vices et les inconvéniens, d'en prévenir les calamités, et d'en détourner les désastres. Elle doit sur-tout préserver la patrie de ces aveugles ambitions qui osent tout, parcequ'elles ne connaissent pas toute l'étendue de leur audace.

Dans le système social des peuples modernes, le ministère des finances est le timon de l'Etat. C'est à lui que vont aboutir toutes les résistances, comme c'est à lui à donner toutes les impulsions. Malheur au pays dont le ministre des finances tient le timon d'une main faible, le dirige au hasard, et ne calcule pas tous les résultats de la direction qu'il lui imprime! Ce qui m'étonne, et ce que je crois utile de faire remarquer, c'est qu'en France on n'ait jamais été embarrassé de trouver un ministre des finances, tandis qu'en Angleterre on n'a encore cru pouvoir confier un ministère aussi important qu'à des commissaires spéciaux connus sous la dénomination de lords de la trésorerie. Cet exemple ne devrait-il pas nous éclairer, ou nous rendre plus réservés dans le choix de nos ministres des finances?

C'est à la Chambre des députés sur-tout qu'il appartient de faire triompher cette vérité si utile à la direction de la fortune publique. Qu'elle rejette sans condescendance tout budget qui ne se recommandera point par la sagesse de ses mesures, ou par les lumières et l'expérience de son auteur, et bientôt la crainte d'un échec à-peu-près inévitable éloignera tous ceux qui n'ont d'autre droit à la direction des finances d'un grand peuple, que beaucoup d'ambition ou de présomption, et les grands intérêts de la patrie ne seront plus compromis par l'ignorance ou la sottise; quand la Chambre des députés ne rendrait que ce service, elle aurait bien mérité du Roi et de la patrie.

Mais de ce que je pense que la Chambre des députés doit rejeter plutôt que refaire le budget du ministre, qu'on n'en conclue pas que je partage l'opinion de l'honorable rapporteur qui lui refuse le droit d'y faire des amendemens, et à plus forte raison la faculté de le refaire. Je n'ai voulu dire autre chose, sinon qu'il est plus convenable pour elle et plus utile à la chose publique de rejeter que d'amender ou de refaire le budget du ministre.

Si l'on veut aller plus loin, laisser de côté les convenances de la Chambre des députés, et ne consulter que ses droits constitutionnels, alors la question change de nature, prend un autre caractère et devient plus compliquée et plus délicate.

Dans l'opinion de l'honorable rapporteur, « cette » question est de la plus haute importance et tient » aux principes fondamentaux de la monarchie, qui » doivent régler notre organisation financière (1)».

______

(1) Page 17 du Rapport.

En appeler aux principes de la monarchie quand il existe une Charte constitutive de la monarchie, n'est-ce pas sortir du port pour aller chercher la sécurité en pleine mer? n'est-ce pas s'exposer à de nouveaux orages, à de nouvelles tourmentes, pour arriver à un abri moins assuré que celui qu'on a quitté?

Au surplus, voyons où l'honorable rapporteur veut nous conduire avec les principes qu'il invoque. Est-ce près ou loin des limites tracées par la Charte? Quelqu'obscurité qui règne dans l'exposition et le développement de ses principes, on ne peut pas se méprendre sur ses intentions ; tous ses efforts tendent à nous persuader que la Chambre des députés doit consentir ou refuser l'impôt qui lui est demandé, sans chercher à connaître quelles sont les dépenses qu'il doit acquitter, et sans prétendre concourir à la fixation de ces dépenses.

Est-ce bien là le vœu de la Charte? C'est ce qu'il importe d'examiner avec la plus grande attention, afin de prévenir les luttes fâcheuses que cette discussion pourrait exciter à la tribune, si elle y était portée sans aucune préparation antérieure, et sans avoir prévenu le jugement de l'opinion publique. Les controverses de pure spéculation n'ont ni le danger, ni les inconvéniens de celles qui doivent avoir un effet immédiat sur nos passions et nos intérêts, et l'on se montre docile aux conseils de la raison, quand on ne prévoit pas qu'ils puissent nous être désavorables ou contraires.

CHAPITRE II.

Du droit de coopérer à la loi de l'impôt dérive le droit de concourir à la fixation des dépenses publiques.

DANS toute société civile qui a des notions saines de l'ordre social, le pouvoir qui crée l'impôt fixe les dépenses publiques. Cette mesure n'est point arbitraire, elle est nécessaire, elle est fondée sur la nature des choses.

Quelle étendue donnerait-on à l'impôt si l'on ne connaissait pas, si l'on n'avait pas fixé la somme des dépenses publiques? L'impôt pourrait être plus pesant ou plus léger qu'il ne doit l'être, et par conséquent la loi qui l'aurait établi serait défectueuse ou incomplète.

Fixerait-on les dépenses publiques, sans aucun égard à l'impôt qui doit en assurer le paiement, on courrait le risque de les porter au-delà de ce qu'il est possible d'imposer, et par conséquent l'opération serait fausse et inutile.

Enfin, confierait-on à une autorité la fixation

des dépenses publiques, et la création de l'impôt à une autorité différente et indépendante de la première, on séparerait ce qui doit être réuni, on porterait le désordre dans le régime social, on compromettrait le sort de l'Etat.

Qu'arriverait-il, en effet, si les deux autorités n'étaient pas d'accord, si l'une voulait porter les dépenses au-delà de l'impôt que l'autre voudrait accorder pour les payer? Comment finirait cette lutte fâcheuse sous tant de rapports, et dans une matière aussi délicate que les contributions à imposer sur le peuple? On ne peut en entrevoir le terme que dans l'asservissement d'une des deux autorités à l'autre, d'où résulterait la fusion des deux volontés en une, et des deux autorités en un pouvoir unique.

On peut donc poser, comme une règle invariable de l'ordre social, que l'autorité qui crée l'impôt doit régler et fixer les dépenses publiques.

La Charte a-t-elle méconnu cette vérité ou l'a-t-elle consacrée quand elle a attribué à la puissance législative le droit de créer l'impôt? Devait-elle placer l'impôt dans le domaine de la législation, et attribuer à la puissance exécutive la fixation des dépenses publiques? Tel est le problême que présente à résoudre le rapport à la Chambre des pairs sur le budget de 1815.

L'honorable rapporteur pense que le droit de créer l'impôt, attribué par la Charte à la puissance législative, ne lui donne pas le droit de fixer les dépenses publiques.

Mais où puise-t-il les motifs, les argumens et les preuves de sa doctrine ?

Ce n'est pas dans la Charte, elle n'a point de dispositions précises à cet égard, et les inductions qu'on peut en tirer ne sont pas favorables à son système : sur quoi donc l'appuie-t-il ? Sur le raisonnement, sur nos anciens usages, sur des considérations tirées de la dignité du trône. Son système est imposant et fait naître, non le doute, mais la crainte d'affaiblir le pouvoir royal, objet de toutes nos sollicitudes et fondement de toutes nos espérances. Heureusement les raisons qui ne permettent pas le doute calment et dissipent toutes les craintes, et l'on se convainc facilement, qu'attribuer au pouvoir royal seul la fixation des dépenses publiques, ce serait lui faire un présent funeste que le sentiment de sa sécurité, de son autorité et de sa dignité lui commande de refuser. Essayons de mettre cette vérité dans tout son jour.

« De ce que l'impôt doit être consenti par les
» Chambres, dit l'honorable rapporteur, il ne
» s'ensuit pas qu'elles aient le droit d'examiner,

» de contrôler et de régler l'emploi des deniers pu-
» blics (1) ».

Il me semble au contraire que ces deux droits sont indivisibles et inséparables l'un de l'autre.

Comment, en effet, la Chambre des députés pourrait-elle donner son consentement à l'impôt, si elle ne connaissait pas sa destination, son emploi, si elle n'était pas convaincue de sa nécessité, de son utilité ou de sa convenance ; en un mot, si elle n'avait aucune raison de l'approuver. Quelle opinion donnerait-elle de sa conscience, de sa moralité, si elle se déterminait sans motif, voulait sans raison et consentait sans cause ? Son consentement ne serait-il pas dérisoire, ne le jugerait-on pas inutile, et ne ferait-on pas sagement de s'en passer ?

---

(1) Dans cette phrase, régler l'emploi des deniers publics, il y a une équivoque que je dois faire remarquer, afin qu'on ne m'accuse pas de créer des objections pour les combattre.

Dans son sens naturel, régler l'emploi des deniers publics, signifie appliquer les fonds publics à leur destination.

Mais dans le sens de l'honorable rapporteur, régler l'emploi des deniers publics, signifie fixer les dépenses publiques.

C'est de ce dernier sens qui, comme on le verra, est bien celui de l'honorable rapporteur, que sort la question que j'examine.

L'honorable rapporteur, qui a bien senti tout ce qu'il y avait de choquant à vouloir faire voter la Chambre des députés sur un objet aussi important que l'impôt, sans examen, sans connaissance, et par conséquent sans raison, a observé

« Que depuis plus de trente années les finances
» de la France ne sont plus comme autrefois en-
» veloppées dans une mystérieuse obscurité ; que
» depuis cette époque il a été publié, presque tous
» les ans, un compte détaillé des recettes et des
» dépenses de l'Etat, et que personne ne peut
» ignorer aujourd'hui à quoi se monte la dépense
» annuelle de chaque ministère (1) ».

Quoi ! l'on pourrait proposer à une assemblée d'êtres raisonnables, de consentir à des impôts pour assurer le paiement des dépenses, sans leur dire la cause et l'objet de ces dépenses, et ils devraient se contenter de la connaissance qu'ils ont des dépenses faites dans d'autres temps et à d'autres époques ? Est-ce que les dépenses publiques sont invariables ? Est-ce qu'elles ne sont pas susceptibles de réduc- tions, de modifications et d'économies ? Est-ce que l'on doit charger toujours le même fardeau sur le peuple parce qu'il l'a porté une fois ? S'il en est ainsi, à quoi bon le consentement de la Chambre

---

(1) Page 35 du Rapport.

des députés à la loi de l'impôt? Ne suffit-il pas de proroger les impôts établis lors des comptes qui en justifiaient l'adoption?

Mais allons plus loin :

Si la Chambre des députés a le droit de consentir à l'impôt, elle a aussi, de l'aveu de l'honorable rapporteur, le droit de le rejeter; et si elle le rejète sans connaître les causes qui l'ont fait proposer, comment pourra-t-elle justifier son rejet, comment pourra-t-elle se mettre à couvert des résultats de son refus, comment pourra-t-elle éviter le blâme de l'opinion publique, son juge naturel et l'arbitre suprême de sa considération, de son crédit et de son autorité? Comment la Chambre des pairs qui, aux termes de l'art. 47 de la Charte, ne peut être saisie de la proposition de l'impôt, qu'après qu'elle a été admise par la Chambre des députés, pourra-t-elle confirmer ou infirmer sa résolution, si elle a été prise sans cause, ou si les causes en sont ignorées? ou plutôt à quoi bon contester à la Chambre des députés le droit de concourir à la fixation des dépenses publiques, lorsqu'on lui reconnaît le droit de refuser l'impôt qui doit en effectuer le paiement? Si elle peut refuser ou consentir en masse le paiement des dépenses publiques, pourquoi ne pourrait-elle pas y consentir ou le refuser en détail? En vérité, il y a dans cette difficulté quelque chose d'incompréhensible, qui fait craindre de ne l'avoir pas bien saisie, et qui donne quelque honte des efforts qu'on fait pour la dissiper.

Mais, dit l'honorable rapporteur, « la Chambre » des députés de 1814 pensa que les ministres » étaient les seuls juges de la fixation des dépenses » publiques, non-seulement parce que seuls ils ont » par devers eux la somme de tous les renseigne- » mens locaux propres à déterminer les justes li- » mites de leurs dépenses, mais encore parce qu'ad- » ministrer avec une sage et judicieuse économie, » est l'un des principaux devoirs, et par conséquent » l'une des attributions essentielles de leur minis- » tère. Le pilote chargé de conduire un bâtiment » est le seul juge compétent de la position et de » l'étendue qu'il doit donner à ses voiles, parce » que seul il est placé de manière à bien connaître » la force et la direction des vents et des courans » qui peuvent entraver ou retarder sa marche(1) ».

J'ignore ce que pensait la Chambre des députés de 1814 sur le droit des Chambres d'examiner, de contrôler et de régler l'emploi des deniers publics. Je ne vois nulle part d'indice de son opinion à cet égard ; et il me semble que l'induire, comme l'a fait l'honorable rapporteur, de l'approbation qu'elle

____

(1) Page 15 du Rapport.

donna au budget des ministres, c'est se montrer bien facile en preuves dans une matière aussi importante que celle des attributions constitutionnelles d'une des branches de la puissance législative.

Ne serait-il pas plus raisonnable d'expliquer le consentement de cette Chambre au budget de 1814, par le mérite de ce budget, que par l'opinion où elle était qu'elle n'avait pas le droit de se mêler de la fixation des dépenses publiques? Pourrait-on, sans trop de confiance, prétendre que si cette Chambre n'avait pas été dissoute, elle n'aurait pas pu faire, en 1815, le contraire de ce qu'elle avait fait en 1814? Pense-t-on qu'un fait isolé aurait suffi pour établir sa jurisprudence, et pour la soumettre à ses décisions? Pense-t-on enfin que la jurisprudence d'une Chambre établie dans une seule session, puisse enchaîner les Chambres subséquentes et les assujétir à suivre l'exemple qu'elles ont reçu d'une des Chambres qui les a précédées?

Je suis bien d'avis que la jurisprudence d'une Chambre, quand elle est bien constante, quand elle résulte de plusieurs faits conformes, peut lui être opposée avec succès, quand elle veut s'en écarter. C'est un bon moyen de donner de l'uniformité à la marche des assemblées délibérantes, des principes à leurs discussions, des règles à leurs délibérations.

Je crois même qu'il est bon et utile que les usages

d'une Chambre obtiennent une grande autorité sur celles qui lui succèdent. Les formes législatives en ont plus de stabilité et de consistance; les innovations ont plus d'obstacles à vaincre, et l'autorité de l'exemple enchaîne les pouvoirs et limite leur indépendance.

Mais aucun de ces avantages ne se rencontre dans l'exemple de la Chambre des députés de 1814, et ce n'est que par la plus grande inattention ou par une étrange méprise qu'on a pu en faire usage.

L'exemple du pilote ne me paraît ni plus heureux, ni plus décisif que celui de la Chambre des députés de 1814.

Quelle est la tâche d'un pilote sur un navire? C'est de le conduire à sa destination; et dans cet emploi, le pilote n'a ni ne doit avoir d'autre guide, d'autre conseil, d'autre régulateur que son habileté et son expérience; mais le pilote prend le navire dans l'état où il est, et je ne pense pas que jamais il ait prétendu donner des conseils et des ordres à l'armateur pour la construction et l'armement du navire. On ne voit donc pas quel jour l'exemple du pilote peut répandre sur la question relative au droit d'examiner, de contrôler et de régler l'emploi des dépenses publiques.

Ce n'est pas que je ne sois très-convaincu que la Chambre des députés doit être très-réservée dans

3*

le réglement ou la fixation des dépenses publiques; elle doit accorder aux ministres la plus grande latitude dans la fixation des besoins de leur ministère, parce qu'ils ont des connaissances pratiques qu'elle n'a point; parce qu'ils sont chargés d'une pesante responsabilité dont il ne faut pas aggraver le poids, de peur qu'elle ne devienne illusoire; parce que rien n'est plus dangereux que des économies qui mettent le gouvernement dans l'impossibilité de faire le bien qu'on attend de ses lumières, de son zèle et de sa gloire.

Mais ces considérations, toutes puissantes qu'elles sont à mes yeux, ne me paraissent pas suffisantes pour imposer à la Chambre des députés l'obligation de souscrire aveuglément à toutes les dépenses proposées par les ministres. Elle ne doit ni ne peut oublier que le peuple doit payer ces dépenses; qu'elle est comptable envers lui des charges qu'elle lui impose, et qu'elle répondrait mal à la confiance dont il l'a investie, si elle ne portait pas, dans l'examen de ces dépenses, toute l'attention, et j'ose dire même toute la sévérité qui peuvent garantir aux contribuables leur nécessité, leur utilité ou leur convenance.

De cette première considération du sujet, l'honorable rapporteur passe à un point de vue plus élevé, plus étendu, et d'un plus grand intérêt.

« Si en thèse générale, nous dit-il, tout adminis-
» trateur doit un compte des deniers dont la ges-
» tion lui a été confiée, s'il doit ce compte à ceux
» de qui il les a reçus....., appliquer cette règle gé-
» nérale à l'administrateur souverain, au chef su-
» prême du gouvernement monarchique....., serait
» contraire aux principes de toute monarchie, à
» l'esprit et au texte même de la Charte constitu-
» tionnelle (1) ».

Sans doute, des esprits imbus des principes de *toute* monarchie, doivent trouver étrange que qui que ce soit partage avec le monarque le droit de régler les dépenses publiques, et ceux-là trouveront la doctrine du rapport pure et irréprochable. Il en est autrement dans le système de notre monarchie constitutionnelle, où la puissance législative s'exerce collectivement par le Roi, la Cham-

____

(1) Ib. page 19.

Il y a encore ici une équivoque: l'honorable rapporteur, en posant en principe que la Chambre des députés n'a pas le droit de demander compte au Roi de l'emploi des deniers publics, n'entend point (comme le sens de la phrase porte à le croire) parler de l'emploi effectué et consommé, mais de l'emploi projeté. L'honorable rapporteur traite donc toujours la question de la fixation des dépenses publiques; mais il l'envisage sous un nouvel aspect.

bre des pairs et la Chambre des députés; là , il n'est pas plus extraordinaire de voir la Chambre des députés concourir avec le monarque à la fixation des dépenses publiques, que de la voir exercer, concurremment avec Sa Majesté, la puissance législative. Ce sont deux effets de la même cause, deux conséquences du même principe, deux résultats du partage de la puissance législative ; et comme le concours de la Chambre des députés à la formation de la loi, ne contrarie pas les principes de *toute* monarchie, il n'est pas facile d'apercevoir comment le concours de cette Chambre à la fixation des dépenses publiques y porterait quelque atteinte.

Tout ce qu'on peut dire en ce cas, c'est que les principes de *toute* monarchie diffèrent, à quelques égards, de ceux de notre monarchie constitutionnelle, et qu'on ne doit ni les juger les uns par les autres, ni les assimiler, ni les confondre dans une seule et même cathégorie.

« L'honorable rapporteur observe que, pour
» se convaincre que la doctrine qu'il combat n'est
» qu'une dangereuse innovation, et que les prin-
» cipes contraires, tels qu'il les a exposés, ont été
» constamment reconnus et suivis dans la monar-
» chie française, il ne faut que consulter notre
» histoire.

» Si vous parcourez les monumens de notre
» législation publique, ajoute l'honorable rappor-
» teur, vous remarquerez que si le droit d'accorder
» ou de refuser l'impôt, paraît avoir toujours été
» réservé au peuple, on ne trouve nulle part la
» moindre trace, le plus léger indice qui an-
» nonce la prétention d'examiner, de contrôler et
» de régler l'emploi des deniers publics.

» Lorsque nos Rois demandaient aux états la
» levée d'une taxe nouvelle et extraordinaire, cette
» demande était sommairement motivée sur quel-
» que circonstance bien connue du peuple, telle
» que la rançon pour un Roi prisonnier, une guerre
» dispendieuse à soutenir, ou de grandes dettes à
» acquitter ; le consentement à l'impôt emportait
» nécessairement la libre disposition de son pro-
» duit ; et cette partie de l'administration publique,
» comme tous les autres actes du gouvernement,
» était abandonnée à la haute sagesse du Monarque,
» sans autre garantie que la haute confiance sacrée
» au souverain héréditaire (1) ».

Oui, tel était le système de notre ancienne monarchie, tels étaient nos usages, telles étaient nos
mœurs ; mais comment l'honorable rapporteur ne
s'est-il pas aperçu qu'on ne peut plus les invoquer

____

(1) Pages 24, 25 à 28 du Rapport.

dans un état de choses nouveau; qu'ils ne conviennent plus à notre état social, et que nous y ramener est aussi impossible qu'il a été difficile de nous en détacher.

Dans notre ancienne monarchie, les dépenses publiques étaient payées en très-grande partie par le trésor du Monarque, qu'on appelait, à juste titre, le trésor royal. Si, dans les malheurs publics, les peuples étaient appelés au secours de l'Etat, que leur demandait-on? Des aides, la conversion de droits onéreux en des impôts qui devaient leur paraître plus légers ; en un mot, des sacrifices commandés par les circonstances; dans tous les cas, le monarque restait seul chargé du fardeau des besoins publics; les peuples en étaient exonérés aux conditions convenues, et si ces conditions ne suffisaient point pour remplir le vide du trésor royal, si les impôts étaient mal administrés, ou mal employés, le monarque restait seul exposé aux dangers des excédans de la dépense sur la recette, et il devait y pourvoir avec ses ressources, son crédit, et, s'il m'est permis de le dire, avec sa fortune propre.

Je sais bien que l'épuisement du trésor royal menaçait la fortune du peuple ; qu'on augmentait les tailles, les gabelles, les aides ; qu'on inventait toutes sortes de mesures fiscales qui équivalaient aux contributions les plus ruineuses ; mais c'était un abus de pouvoir dont le monarque lui-même gémissait, dont l'odieux retombait sur ses ministres; et le peuple, dans sa misère, ne cessait d'invoquer la justice du Roi contre l'oppression qui l'accablait. Il se consolait en pensant que si le Roi le savait, ses oppresseurs seraient punis.

Dans un tel ordre de choses, il était juste que le monarque réglât seul les dépenses publiques, que lui seul semblait acquitter. A quel titre le peuple aurait-il pris part à leur fixation, lui qui ne les supportait que comme auxiliaires, qui n'y contribuait que volontairement, et qui, lorsqu'il était forcé d'y contribuer malgré lui, avait le droit de se plaindre de la violation et du mépris de ses droits?

Mais aujourd'hui que les choses ne sont plus les mêmes, que la fortune royale est épuisée, que la propriété privée est seule grevée du paiement de toutes les dépenses publiques; aujourd'hui que de leur fixation dépend la quotité du revenu et de la propriété de chaque citoyen, invoquer l'ordre ancien, comme si rien n'était changé, comme s'il n'avait rien perdu de son autorité, comme si la Charte n'y avait apporté aucune modification, c'est confondre toutes les idées, assimiler des choses dissemblables, convertir en droit ce qui, même dans l'ancienne monarchie, était regardé comme un abus; en un mot, c'est replacer la monarchie constitu-

tionnelle sur des fondemens qui n'ont pas pu sup-
porter l'ancienne ; c'est nous préparer de nouvelles
catastrophes ; ah ! du-moins que les leçons de l'expérience ne soient pas ensevelies sous les débris
sanglans de notre révolution !

Vainement l'honorable rapporteur observe que
« la Charte constitutionnelle, en rétablissant notre
» antique monarchie sur de nouvelles bases, quant
» aux formes de procéder à la législation , n'a ap-
» porté aucun changement à ce qui concerne la
» puissance exécutive.... Que non-seulement la li-
» bre administration des finances est une des bran-
» ches du pouvoir exécutif, mais même que sans
» cette libre administration on ne peut pas con-
» cevoir de puissance exécutive (1) ».

Quelle que soit l'étendue qu'on accorde à l'administration des finances , on ne peut méconnaître qu'elle ne commence que lorsque la loi lui a
livré les fonds qu'exigent les besoins publics. Avant
la loi elle n'a rien à faire, et quand la loi est portée elle ne peut faire que ce que la loi a voulu.
Supposer que l'administration des finances règle
les dépenses publiques, et que la loi se borne à créer
l'impôt nécessaire à leur paiement , c'est supposer
que l'administration des finances a l'initiative de la

____

(1) *Ibid.* page 51.

loi de l'impôt, et même qu'elle peut en étendre ou en resserrer la limite et l'étendue ; en un mot, c'est méconnaître la nature de l'administration, c'est la faire sortir de sa place, c'est lui donner une autorité qui ne lui appartient pas et qu'on ne pourrait lui confier sans la subversion totale de l'ordre social.

N'oublions pas que la Charte met la propriété privée sous la sauve-garde de la loi ; que la loi est en partie l'ouvrage des propriétaires ; que l'impôt ne peut être établi que par la loi ; d'où il suit que la propriété privée ne peut être grevée que du consentement des propriétaires. Il y aurait donc inconséquence et même contradiction dans la Charte, si elle plaçait la Chambre des députés, cette Chambre représentative de la propriété, dans l'alternative fâcheuse de ne pas consentir à l'impôt, et de laisser la chose publique en souffrance, ou de subir la loi que voudrait lui imposer l'administration des finances. Cette alternative paraît monstrueuse, et cependant elle est le résultat de la doctrine de l'honorable rapporteur.

Mais comment la justifie-t-il, ou plutôt comment n'a-t-il pas craint de la professer ? Les plus beaux et les plus louables motifs me semblent lui avoir fait illusion, l'avoir égaré loin de la véritable route, et lui avoir fait passer le but auquel nous sommes enfin arrivés.

« Dans la monarchie, dit l'honorable rappor-
» teur, toute la puissance exécutive, sans dépen-
» dance et sans partage, est exclusivement et ir-
» révocablement dévolue au souverain héréditaire.
» Tout ce qui constitue l'action du gouvernement
» part de son trône et ne peut remonter qu'à son
» trône, qui, dans le degré d'élévation qu'il occupe,
» n'est dominé que par le ciel.... Élevé au plus
» haut degré d'honneur et de puissance, placé
» hors de la sphère de toutes les ambitions et de
» tous les intérêts privés, le monarque, dans son
» existence politique, ne peut plus être atteint
» que par une seule passion, celle du bonheur
» de ses peuples et de la prospérité de son royaume.
» Comme pouvoir exécutif, il ne reconnaît sur la
» terre aucune autorité surveillante, si ce n'est
» toutefois l'opinion publique; mais cette opinion
» n'est point une autorité agissante, elle n'est pour
» lui qu'un miroir fidèle qui réfléchit à ses yeux
» le bien et le mal de son administration, miroir
» impartial et véridique qu'il doit consulter sans
» cesse, malgré tous les efforts de ceux qui se pres-
» sent autour de lui pour en ternir la surface ».

---

(1) *Ibid.* pages 20 et 21.

L'honorable rapporteur n'est-il pas tombé dans une grave erreur, en fondant la monarchie, et sans doute *toute* monarchie, sur l'indépendance du pouvoir exécutif, et en ne lui donnant d'autre limite que l'opinion publique?

Les écrivains du grand siècle, et le plus grand de ces écrivains, Bossuet, professait une doctrine bien différente sur le pouvoir absolu de notre ancienne monarchie, lorsqu'elle brillait de tout son éclat et le monarque de toute sa gloire.

« Le pouvoir le plus absolu, disait Bossuet, est
» réglé par les lois fondamentales qui réclament
» sans cesse et contre lesquelles tout ce qu'on fait
» est nul de soi... »

Il n'est pas là question d'un pouvoir exécutif indépendant, qui n'est dominé que par le ciel et surveillé que par l'opinion publique. C'est le pouvoir *le plus* absolu, réglé par des lois fondamentales, contre lesquelles tout ce qu'on fait est nul de soi ; c'est le pouvoir exécutif assujetti à des règles, subordonné à la loi, et à quelle loi? ce n'est pas à la loi qu'il a faite ou consentie, c'est à la loi fondamentale antérieure à son pouvoir, et qu'il a juré d'exécuter.

Il y a donc tout lieu de croire que dans le système même de notre ancienne monarchie, où la loi fondamentale reposait sur la foi du pouvoir exécutif, sur les remontrances du parlement et sur l'opinion publique, la doctrine de l'honorable rapporteur aurait excité quelque surprise et provoqué plus d'une censure. Combien ne doit-elle pas nous étonner, nous qui nous flattons d'avoir perfectionné les doctrines de l'ancienne monarchie, et qui croyons y avoir réussi en mettant les personnes et les propriétés hors de l'atteinte du pouvoir absolu, sans rien retrancher à la monarchie de sa puissance, de ses honneurs et de sa majesté?

Ai-je besoin de dire que ce prodige s'est opéré par la combinaison la plus simple et la plus heureuse ?

A la place du pouvoir exécutif, enchaîné par des lois fondamentales qui n'obligeaient que la conscience du monarque, mais qui le mettaient sans cesse aux prises avec ses terreurs ou ses remords, avec les scrupules ou les tracasseries de ses parlemens, avec les réclamations ou les clameurs de l'opinion publique, la Charte a créé le pouvoir royal qui n'est lié que par les lois qu'il a proposées et sanctionnées.

A la place du pouvoir exécutif qui, couvrant tous ses agens de son inviolabilité, assurait leur impunité et rendait le Roi moralement responsable de leurs fautes, de leurs erreurs et de leurs crimes, la Charte a soumis les agens du pouvoir à la responsabilité morale et légale, et le Roi n'a plus rien à redouter des abus et des excès de pouvoir dont ils peuvent se rendre coupables. Sa conscience est en repos, son trône inébranlable et sa personne environnée de l'amour et de la vénération de ses sujets.

Loin que la monarchie ou le monarque souffre la moindre altération de ces modifications, leur pouvoir s'est accru, leur dignité a plus d'éclat, leur majesté plus de splendeur.

Le Roi, chef suprême de l'État, imprime le mouvement à tous les pouvoirs, les dirige ou les surveille, et ne leur permet d'aller que jusqu'au point marqué par la loi, qui est son ouvrage ou le produit de sa volonté. La religion, l'éducation, les lettres, les sciences, les arts, toutes les institutions qui influent sur l'esprit, le caractère et les mœurs des hommes et des peuples, sont soumis à son impulsion, à sa direction ou à son influence, et sont dans sa main les instrumens de la tranquillité, de la fortune, de la prospérité et de la gloire de l'État. Providence sociale, le pouvoir royal se fait sentir par-tout pour le bonheur du peuple ; mais comme la Providence divine, il n'agit que par les causes secondes qui restent seules chargées du poids des événemens et des calamités qui suivent leurs revers, et il reçoit les bénédictions qui accompagnent leurs succès.

Pourquoi cette théorie, consacrée par cent cinquante ans de prospérités jusqu'alors inouies, trouve-t-elle encore des adversaires ou des incrédules ? Pourquoi de bons esprits bien intentionnés s'efforcent-ils de la dénaturer, de la dégrader, et, je ne crains pas de le dire, de la déshonorer, en lui préférant la vieille théorie du pouvoir exécutif assujetti aux lois fondamentales, et contenu par l'opinion publique ? Pourquoi résiste-t-on encore aux lumières du siècle qui éclairent maintenant les rois, les gouvernemens et les peuples qu'on regardait comme les moins avancés en civilisation ? Pourquoi met-on tant de prix à d'antiques usages, bons sans doute quand ils s'établirent, mais qui ont souffert les outrages du temps, comme toutes les créations humaines, et qui doivent changer avec les choses pour lesquelles ils étaient faits.

Vous n'avez plus les domaines de la couronne pour acquitter les dépenses publiques, pourquoi donc vous étonner que les usages qui en confiaient la fixation et le réglement au monarque seul, changent avec les causes qui les avaient produits ?

Vous n'avez maintenant de moyens d'acquitter ces dépenses que par des impôts assis sur la propriété privée, sur cette propriété toujours sous la sauve-garde du pouvoir royal, mais jamais à sa disposition ; souffrez donc que la Chambre des députés, que les représentans des propriétaires n'adoptent point sans examen et sans contrôle les dépenses publiques que la propriété doit acquitter. Ne vous effrayez pas de cette mesure nouvelle, qui n'est point une innovation, mais une création commandée par nos nouveaux besoins, par notre nouvelle situation, par notre état actuel.

Mais, dit l'honorable rapporteur, « des assem-
» blées nombreuses où tant de volontés con-
» traires sont en présence, où se heurtent tant
» d'opinions diverses, où se glissent tant d'intérêts
» locaux qui se montrent, tant d'intérêts privés qui
» se masquent, où règnent tant de passions indivi-
» duelles, où enfin tant de décisions s'insinuent
» par l'impulsion du moment, de telles assemblées
» ne pourraient influer sur la direction et l'emploi
» des deniers publics, sans jeter toutes les parties
» du service dans une confusion ou une incerti-
» tude qui finirait par amener une dissolution gé-
» nérale.

» Les dangers qui rendent une telle forme de
» procéder absolument impraticable, seront encore
» bien plus grands et plus sensibles dans une cons-
» titution où la puissance législative est exercée par
» deux Chambres qui délibèrent séparément, et
» dont aucune ne peut prétendre sur l'autre une
» supériorité de pouvoir. Supposez que ces deux
» Chambres puissent tomber d'accord sur la tota-

» lité d'une série de dispositions si diverses, si mul-
» tipliées, relatives aux nombreux services dont se
» compose chaque ministère, ce serait admettre
» une des combinaisons les plus invraisemblables
» que les chances du hasard puissent jamais pro-
» duire (1) ».

La voilà donc encore, cette objection fameuse dans nos dissensions, qui égara tant de bons esprits, qui les aliéna si long-temps du système des assemblées législatives, et qui les empêche de se rallier franchement à un ordre de choses qui choque leurs idées ou leurs habitudes! Quoi! l'on nous parle encore de l'impossibilité de réduire, dans les assemblées nombreuses, les volontés individuelles à une volonté générale et commune! problême je l'avoue insoluble pour la raison spéculative, et si facilement résolu dans la pratique de tous les temps et de tous les peuples. Ne se souvient-on plus du mode de législation de Sparte, d'Athènes, de Carthage et de Rome? n'est-ce pas dans leurs assemblées géné-rales que les hordes, les peuplades, les tribus de la Tartarie, de l'Afrique, de la Gaule, de la Ger-manie et même de l'Amérique, traitaient leurs af-faires, prenaient leurs résolutions, et réglaient leurs intérêts ? Les lois des Francs, les capitulaires n'ont-

______

(1) *Ibid.* page 54.

ils pas été faits dans les assemblées des Champs-de-Mars et de Mai, avec le concours et le consentement du Roi, des grands et du peuple ? Nos coutumes n'étaient-elles pas l'ensemble des conventions locales ou des usages des seigneurs et des vassaux pendant le régime féodal ? Les plus célèbres ordonnances de nos Rois, celles d'Orléans et de Blois, furent provoquées, délibérées et rédigées en cahiers dans les états-généraux ; enfin, la Suisse, la Hollande, l'Angleterre et l'Amérique n'obéissent depuis des temps plus ou moins reculés, qu'à des lois émanées de leurs assemblées nationales. Comment donc la conduite uniforme de tant de peuples, pendant tant de siècles, n'a-t-elle pas réconcilié les assemblées législatives avec leurs ennemis, et imposé silence à leurs détracteurs ? D'où vient tant d'opiniâtreté ou d'aveuglement ? C'est qu'on suppose que les affaires des peuples, à toutes les époques de la civilisation, exigent les lumières des Solon, des L'Hopital et des Richelieu ; c'est qu'on ne fait pas assez de cas du bon sens et de la raison de tous les peuples, quand il s'agit de leurs intérêts et de leurs droits ; c'est qu'on ne fait pas attention que si, dans les premiers âges de la civilisation, les choses et les hommes sont dans une exacte proportion, dans des temps plus avancés, les hommes se proportionnent aux choses. En un mot, dans tous les temps, les peuples se sont montrés capables de diriger leurs affaires, et de soigner leur intérêts.

Si l'on voulait même examiner sans prévention quels sont les temps les plus renommés, les peuples les plus célèbres, les époques dont l'humanité tire le plus de gloire, on ne pourrait s'empêcher de reconnaître que les peuples qui ont laissé de grands exemples à suivre, d'illustres modèles à imiter, de généreux sentimens à reproduire, sont précisément ceux qui ne prirent conseil que d'eux-mêmes, qui furent leurs législateurs, et qui eurent plus ou moins d'influence sur la conduite des affaires publiques.

Je ne veux pas mettre en parallèle les gouvernemens absolus avec ceux dont je viens de parler; je craindrais de réveiller des passions qu'il est si important de calmer; mais qui n'a pas remarqué, dans l'étude de l'histoire, que si la police de l'Égypte offre d'utiles combinaisons, de sages mesures et des vues profondes sur le gouvernement, il faut traverser la nuit obscure des gouvernemens despotiques, et descendre jusqu'aux temps modernes pour trouver des lois dignes de prendre place dans un code de législation que la raison puisse avouer et la justice consacrer ? Encore faut-il étouffer souvent les cris et les gémissemens de l'humanité.

Et cependant les peuples législateurs étaient loin de la monarchie représentative, de cette institution moderne qui réunit tous les avantages de la monarchie et de la république, et n'a aucun de leurs inconvéniens ; comment donc veut-on encore nous faire redouter les assemblées législatives, et témoigne-t-on la crainte qu'elles ne puissent pas s'accorder sur le réglement des dépenses publiques ; ou que si cela arrive, ce soit un chance du hasard ? Cette chance, si c'en est une, est arrivée pendant plusieurs siècles en Angleterre, en France dans ses états-généraux, et en dernier lieu dans ses assemblées délibérantes. De telles chances, qu'on produit à volonté, ressemblent bien aux résultats ordinaires des facultés humaines et sociales, et il est moins imprudent de dire que ce qui a été sera, que de prétendre que ce qui a été est impossible.

Ainsi point de fondement à l'impuissance des assemblées délibérantes de régler les dépenses publiques ; point d'atteinte portée par ce réglement à la puissance du monarque ; point d'innovation même aux antiques usages de l'ancienne monarchie ; il y a seulement un droit nouveau résultant du changement des moyens d'acquitter les dépenses publiques, un droit dérivant de la nature des choses, un droit que la Charte a consacré en plaçant l'impôt dans la législation.

Tels sont les fondemens sur lesquels repose le droit de la Chambre des députés de concourir à la fixation des dépenses publiques ; tels sont les motifs qui me semblent devoir le justifier aux yeux les plus prévenus, aux esprits qui pourraient en avoir conçu de trop vives alarmes, et même à ceux qui seraient encore disposés à ramener la Charte à nos anciens usages, et qui voudraient que la monarchie constitutionnelle fût en tout point semblable à l'ancienne monarchie. Qu'ils songent que les lois et les gouvernemens de tous les peuples ont tous éprouvé des modifications, des changemens, et que nous éprouvons le sort commun à tous, en passant du gouvernement de Louis XIV au gouvernement de la Charte.

CHAPITRE III.

Du droit de fixer les dépenses publiques et de voter l'impôt dérive le droit de surveiller l'emploi des deniers publics.

LE vote du budget n'est, dans aucun gouvernement, définitif, complet et terminé. Avec quelque précision que chaque ministre ait calculé les dépenses de son département, et quelque talent que le ministre des finances ait pour évaluer les produits

de l'impôt, les événemens peuvent tromper les cal-
culs du génie et de l'expérience ; les dépenses peuvent être plus ou moins considérables qu'on ne l'avait
cru, et les impôts plus ou moins productifs qu'on ne
s'y était attendu. Il est donc d'une nécessité indispensable de reviser chaque année le budget de l'année précédente, et souvent même de plusieurs années
antérieures. Autrement chaque budget ne serait
qu'ébauché ; il y aurait des dépenses qui ne seraient
pas acquittées, ou des fonds qui resteraient sans emploi, ce qui produirait un désordre effrayant dans
les finances et compromettrait la fortune publique
et particulière.

Mais comment la Chambre des députés pourrait-
elle procéder à cette révision des budgets, si elle
n'avait pas le droit de prendre connaissance de leurs
résultats, et par conséquent de surveiller l'emploi
des deniers publics ? Devrait-elle encore voter de
confiance le complément des budgets, et ne prendre
d'autre garantie de ses resolutions qu'une aveugle
crédulité ? Est-il permis de compter sur cette coupable indifférence d'un des premiers corps de l'État,
et ne doit-on pas plutôt souhaiter qu'elle porte dans
l'examen des résultats des budgets plus d'attention,
de scrupule et de sévérité que dans le vote du budget lui-même ? Car enfin, c'est dans les résultats des
budgets, plutôt que dans les budgets, que peuvent

se glisser les plus grands abus et les plus grands excès de pouvoir. C'est donc dans cette partie sur-tout
que la surveillance de la Chambre des députés est
convenable, utile et nécessaire.

D'autres intérêts doivent encore autoriser et pres-
crire la surveillance de la Chambre des députés dans
cette circonstance.

Quoique le budget soit annuel et ne puisse pas,
sans de graves inconvéniens, embrasser une durée
de temps beaucoup plus considérable, il y a cependant, entre les budgets de chaque année, des relations tellement indispensables, qu'on ne peut les
isoler l'un de l'autre, sans procéder au hasard,
sans tâtonner, sans s'exposer à de dangereux
écarts. Ce n'est qu'autant que la Chambre des députés a sous les yeux les résultats des budgets de
plusieurs années, qu'elle les compare entr'eux et
les contrôle les uns par les autres, qu'elle est en état
de déterminer avec quelque certitude les besoins et
les ressources d'un pays, de leur donner de la régularité et de la proportion, et de garantir la fortune
publique des erreurs ou des méprises de l'administration. Donc c'est une nécessité, c'est pour elle un
devoir d'avoir sans cesse les yeux ouverts sur l'emploi des deniers publics, jusqu'à ce qu'il soit effectué et consommé.

Loin de moi la pensée que les ministres investis

de la confiance du Roi puissent en abuser ; mais il n'est pas permis d'être plus prudent ou plus réservé que la Charte. Elle rend les ministres responsables, et même accusables pour fait de concussion, et elle attribue à la Chambre des députés le droit de les poursuivre devant la Chambre des pairs, investie du droit de les juger. Mais comment les deux Chambres rempliront-elles cette partie importante de leur mission, si elles n'ont pas le droit de surveiller l'emploi des deniers publics, et de prendre connaissance de tous les actes qui peuvent recéler, dévoiler ou manifester la concussion? Ne serait-ce pas vouloir la fin sans vouloir les moyens?

Enfin, la Charte donne à la Chambre des députés la faculté de supplier le Roi de proposer une loi sur quelque objet que ce soit, et d'indiquer ce qu'il lui paraît convenable qu'elle contienne. Cette faculté précieuse, et à laquelle se rattachent toutes les améliorations possibles dans l'ordre social, serait illusoire pour les finances, si les ministres pouvaient soustraire à la Chambre des députés la connaissance de l'emploi des deniers publics. Sans cette connaissance, elle n'aurait aucun moyen de s'assurer s'il n'est pas possible de simplifier cet emploi, d'en économiser les frais, de le rendre aussi utile et aussi profitable qu'il peut et doit l'être.

Sous tous ces rapports, il me paraît évident que

du droit de voter le budget, dérive le droit de la Chambre des députés, de surveiller l'emploi des deniers publics qu'elle a accordés pour le paiement des dépenses de l'Etat.

Combien donc ne doit-on pas s'étonner de voir le rapport à la Chambre des pairs, sur le budget de 1815, mettre ce droit en question, en contester la nécessité et en faire ressortir les dangers et les inconvéniens? Il faut convenir cependant que l'honorable rapporteur a mis beaucoup de réserve dans l'exposition de cette partie de sa doctrine, que sa pensée ne sort pas toujours claire de son expression, et qu'il supplée par des considérations indirectes et détournées, à la difficulté des motifs directs et des raisons convaincantes.

« Le monarque, dit l'honorable rapporteur,
» dispose des deniers publics comme de tous les
» autres ressorts dont se compose la force exécutive.
» Celui qui oserait lui demander compte de l'emploi
» de ces deniers, pourrait tout aussi bien lui de-
» mander compte de l'emploi de ses armées et de
» sa marine, compte de ses actes d'administration
» intérieure, compte des ressorts cachés de sa po-
» lice, compte du secret de ses négociations avec
» l'étranger. Tout service public est lié à une dé-
» pense, toute dépense publique est le résultat
» d'un service; le compte des dépenses et des ser-

» vices est un seul et même compte. Le monarque
» qui compterait de l'emploi des deniers publics,
» cesserait d'être monarque, il ne serait plus qu'un
» administrateur comptable de sa gestion comme
» le chef d'une république (1) ».

Cette doctrine me paraît à l'abri de toute critique raisonnable et dans les véritables principes de
la monarchie ; mais il est impossible de comprendre
ce qui peut y avoir donné lieu. Ce n'est pas dans la
Chambre des députés de 1815, qu'on s'est permis
de demander au Roi des comptes de l'emploi des
deniers publics ; c'eût été un oubli de ses devoirs
dont elle était incapable ; et si on lui a fait quelques
reproches, ce n'est pas celui d'avoir ignoré ou méconnu les principes de la monarchie, et d'avoir eu
la pensée ou la volonté de restreindre et de limiter
la puissance du monarque. Pourquoi donc l'honorable rapporteur s'est-il élevé contre la tentative
de demander au Roi compte de l'emploi des deniers
publics, tentative dont personne n'était coupable ?
Pourquoi s'est-il engagé dans une lutte où aucun
adversaire ne s'était avancé et ne devait le suivre ?
A quoi bon enseigner des dogmes politiques qu'aucune hérésie ne rendait nécessaire, et qui, pour
cela même qu'ils étaient purement spéculatifs,
étaient inutiles et sans objet.

_____

(1) Page 21 du Rapport.

L'honorable rapporteur se serait-il abusé au point de croire que parce que le monarque dispose des deniers publics comme de tous les autres ressorts de la force exécutive, et qu'il n'est pas plus permis de lui demander compte de l'usage qu'il fait des uns, que de l'emploi des autres, les ministres ne sont point responsables de cet emploi, ne peuvent pas être accusés et poursuivis s'ils ont malversé dans cet emploi; en un mot, l'honorable rapporteur aurait-il étendu aux ministres l'inviolabilité du Roi? En ce cas, il serait tombé dans une erreur grave, et d'autant plus fâcheuse, qu'elle saperait la Charte par ses fondemens, nous replongerait dans les anxiétés du pouvoir arbitraire, et ferait revivre les abus inséparables de toute administration non responsable. Qu'il me soit permis de rappeler quelques principes qui, en nous montrant les causes de l'erreur de l'honorable rapporteur, en préviendront les dangers et les calamités.

Dans tout gouvernement monarchique, le monarque est seul investi de l'administration suprême, et il est aussi impossible de concevoir une monarchie dont le monarque ne concentrerait pas en lui seul toute l'administration, que de concevoir un administrateur unique et suprême, qui ne soit pas monarque. L'unité et la suprématie sont, dans mon opinion, l'attribut essentiel et le caractère distinctif de toute monarchie.

Par une conséquence nécessaire, les agens de tout gouvernement monarchique, à quelque degré de la hiérarchie qu'ils soient placés, tiennent leur pouvoir du monarque, et par conséquent ne sont comptables qu'à lui de l'usage qu'ils en ont fait.

Mais ne sont-ils responsables de leur gestion qu'au monarque ? ne peuvent-ils être surveillés, accusés et punis que par les ordres du monarque ? Ici l'on sent que la réponse se complique, et doit nécessairement varier selon chaque espèce de monarchie.

Ainsi dans la monarchie absolue, le monarque est non-seulement le pouvoir exécutif, ou l'administrateur suprême, mais il est encore le pouvoir législatif, ou plutôt il est le pouvoir unique; et c'est de lui qu'on peut dire avec l'honorable rapporteur, que tout ce qui constitue l'action du gouvernement part de son trône, et ne peut remonter qu'à son trône, qui, dans le degré d'élévation qu'il occupe, n'est dominé que par le ciel (1).

Dans cette sorte de monarchie, le pouvoir du monarque se communique dans toute sa plénitude à ses ministres, et les couvre de son inviolabilité.

----

(1) Page 20 du Rapport.

Là, l'inviolabilité du monarque et la responsabilité du ministre sont incompatibles ; là, le ministre n'est responsable qu'envers le monarque, ne peut être poursuivi que par ses ordres, jugé que par ses juges, puni que par des peines portées par les lois qu'il a faites. Si l'administration a l'approbation du monarque, elle est irréprochable ; fût-elle vicieuse ou coupable, le monarque peut l'excuser ou la pardonner : toujours le silence du monarque assure l'impunité du ministre.

Dans un tel ordre de choses, l'administration s'enveloppe dans le plus profond mystère ; ses actes sont recueillis dans des archives impénétrables, et ses comptes sont soustraits à tous les regards curieux ou scrutateurs. Aussi l'honorable rapporteur observe-t-il avec raison, que lorsqu'en 1781 un ministre du Roi osa le premier rendre public le compte détaillé des recettes et dépenses du gouvernement, cet acte parut assez généralement une atteinte portée à l'autorité royale (1). L'honorable rapporteur aurait pu ajouter que cela était vrai, si le ministre n'avait pas obtenu l'autorisation du Roi, ce qui n'est pas vraisemblable.

De là il résulte que, dans la monarchie, la comptabilité et la responsabilité se confondent, n'ap-

______

(1) Page 28 du Rapport.

partiennent qu'au Roi, et sont hors des attributions de toute autorité, parce qu'il n'en existe pas
d'autre que celle du monarque. A cette monarchie
s'applique et convient, par conséquent, ce que l'honorable rapporteur a dit des rapports des ministres et du monarque dans toute monarchie.

« Quelques personnes, dit l'honorable rapporteur,
» se font illusion en séparant la personne des mi-
» nistres de la personne du Roi ; mais ici cette
» distinction n'est qu'une vaine subtilité, qui ne
» change rien à l'état de la question.

» Le Roi, considéré comme pouvoir politique,
» est un être mystérieux et invisible, qui ne commu-
» nique avec les autres pouvoirs constitués et avec le
» corps du peuple que par l'intermédiaire indispen-
» sable de ses ministres. Ces ministres exercent, au
» nom du Roi, toute l'autorité dont il est revêtu.
» Leur ôter ce caractère, c'est anéantir le pouvoir
» royal, ou, au-moins, en paralyser l'exercice.
» Car le Roi ne pouvant agir ni parler que par
» l'organe de ses ministres, ce serait lui ôter l'ac-
» tion et la parole que de ne pas reconnaître
» comme émané de lui ce qui est fait ou dit en
» son nom par ses ministres. Ils sont inséparables
» de la personne du Roi dans les actes de leur
» ministère... Et tant qu'il n'a pas été posé des faits
» capables de fonder une accusation, les ministres

» ne sont comptables qu'au Roi seul des ordres
» qu'ils ont reçus de lui ; c'est à lui seul qu'ils sont
» comptables, même des erreurs qu'ils auraient
» pu commettre (1)».

Tout cela est vrai de la monarchie absolue, de ce gouvernement où le monarque est le pouvoir unique ; mais cela n'est vrai que là. Encore cette indivisibilité du monarque et du ministre, l'identité de leur autorité, la garantie du ministère dans les ordres du monarque, toutes ces théories si séduisantes dans la spéculation, se décréditent bien dans l'usage et les habitudes du pouvoir. Que voit-on en effet dans l'histoire des monarchies absolues? Des ministres qui, tant qu'ils ont la confiance ou la faveur du monarque, sont tout-puissans, s'aveuglent sur la nature et l'étendue de leur pouvoir, en abusent, parce qu'ils se croient inviolables comme leur maître, et, dans l'opinion de leur impunité, font peser sur les peuples d'effroyables calamités. Les clameurs des peuples parviennent-elles jusqu'au trône, la vérité est-elle connue du monarque, ou ses caprices suppléent-ils à sa justice, le ministre paie de sa tête ses torts ou ses crimes, ou va porter dans l'exil sa honte et ses remords, ou termine dans la disgrace et l'humiliation une

____

(1) Pages 21, 22 et 23 du Rapport.

vie pénible et insupportable. De quoi lui servent alors les ordres du monarque, la constante approbation qu'il a donnée à son administration, les témoignages éclatans de satisfaction dont il a récompensé ses longs services? Qui est alors disposé à confondre le ministre avec le monarque, qui considère le ministre comme l'intermédiaire entre le monarque et ses sujets, comme l'organe de ses volontés, comme l'exécuteur de ses ordres? Le monarque applique au ministre les lois de la responsabilité, inséparable de toute action libre et volontaire; et le peuple, non moins juste que le monarque, impute au ministre seul les malheurs qu'il a soufferts, et ne s'informe pas s'ils ont été ordonnés ou approuvés par le monarque; tant la responsabilité des ministres est dans la nature des choses, tant il est impossible de les y soustraire, tant elle est la condition absolue de toute administration, et le lien indissoluble de tout administrateur.

Si la responsabilité existe de fait dans la monarchie, si elle ne peut jamais atteindre jusqu'à l'inviolabilité, si l'inviolabilité du ministre serait une monstruosité non moins effroyable que la responsabilité du monarque, faut-il s'étonner que dans les monarchies limitées, on ait séparé la responsabilité des ministres de l'inviolabilité du monarque, qu'on ait fait dépendre la responsabilité d'un double pouvoir, de celui du monarque qui a institué le ministre, et de celui d'une autorité chargée de le surveiller, le poursuivre, le juger et le faire punir?

Ce déplacement de la poursuite de la responsabilité altérerait-il l'essence de la monarchie, la priverait-il d'une des prérogatives indispensables à sa conservation, à sa dignité, à sa gloire, ou la limiterait-il dans un cercle trop étroit pour qu'elle puisse remplir ses hautes destinées, et dispenser au peuple tous les bienfaits qu'il a droit d'attendre du gouvernement monarchique? Je ne vois pas sur quoi l'on pourrait fonder une semblable doctrine. Il me semble, au contraire, que l'attribution de la responsabilité des ministres au monarque seul serait dangereuse pour le monarque, fâcheuse pour le ministre, et funeste au peuple.

Si le monarque était seul investi de la poursuite de la responsabilité des ministres, et si, par faiblesse ou par aveuglement, il ne l'exerçait pas quand elle doit l'être, il demeurerait moralement responsable de tout le mal que ferait son ministre, il perdrait de sa considération au-dehors, et aliénerait de lui le cœur de ses sujets; son inviolabilité souffrirait de la non-responsabilité de ses ministres, et lors même qu'il se déterminerait à mettre un terme à leur impunité, il ne serait pas sûr qu'on fût disposé à lui tenir compte d'un sacrifice commandé par la nécessité, tant il est vrai que la poursuite de la responsabilité des ministres n'est point une prérogative naturelle et nécessaire du pouvoir royal.

Croit-on d'ailleurs que les ministres trouveraient un grand avantage à n'être responsables qu'envers le monarque ? Qu'on ouvre l'histoire des monarchies absolues, qu'on la compare avec celle des monarchies limitées, et l'on reconnaîtra que le nombre des ministres punis à tort ou à raison, est bien plus considérable dans la première que dans la seconde monarchie. Que la leçon de l'expérience apprenne donc aux partisans les plus dévoués du pouvoir absolu, qu'il y a plus de sûreté dans l'immuable disposition des lois, que dans la volonté mobile et arbitraire du monarque.

Quant au peuple, ses droits, ses libertés, tous ses intérêts sont liés à l'observation fidèle des lois, et à la nécessité où sont les ministres de s'y conformer ; nécessité qui n'existe que là où la responsabilité des ministres n'est pas illusoire, et elle ne l'est pas, lorsque la poursuite en est confiée à une autorité intéressée à l'exercer, qui n'est dominée par aucune considération, et ne se détermine que par le sentiment de la justice et par l'amour de la patrie.

Que l'honorable rapporteur ne dise pas « qu'on

» ne peut espérer quelque bien qu'autant que les
» ministres pourront faire impunément quelque
» méprise ; qu'ils ne risqueront pas de grandes ten-
» tatives, des mesures promptes et énergiques, s'ils
» doivent être responsables du succès ; que Turenne
» disait souvent, que dans sa carrière militaire il
» avait commis beaucoup de fautes, mais que s'il
» n'avait pas eu le pouvoir de commettre impuné-
» ment ces fautes, il n'aurait pas eu non plus le
» pouvoir d'acquérir tant de gloire à sa patrie, et
» de la rendre si redoutable au-dehors (1) ».

Est-ce bien pour leurs méprises, pour leurs fautes, que la responsabilité doit être redoutable aux ministres? Dans quel pays civilisé, chez quel peuple libre a-t-on vu des ministres poursuivis pour des fautes ou des méprises? Si l'on en excepte les temps de révolution qui affligent le monde poli-tique, comme les ouragans ravagent le monde physique, où trouve-t-on des ministres punis ou poursuivis pour leurs méprises ou leurs fautes, et même pour leurs vices, qui ont bien souvent été aussi funestes aux peuples que les plus grands crimes? Quel ministre, s'il est digne de ce nom, pourrait être retenu par la crainte de la responsabilité quand il ne médite, ne conçoit et n'exécute que des entre-

---

(1) Page 23 du Rapport.

prises utiles ou glorieuses à son Roi et à son pays ? Loin de nous de pareilles terreurs ; gardons-nous d'encourager la pusillanimité des hommes publics : elle ne nous a fait que trop de mal, et n'a fait commettre que trop de crimes.

L'honorable membre voudrait « que tant qu'il » n'a pas été posé des faits capables de fonder une » accusation, les ministres ne fussent comptables » qu'au Roi seul, des ordres qu'ils ont reçus de » lui (2) ».

Cette opinion est-elle bien constitutionnelle, bien conforme à la Charte, bien d'accord avec l'objet et le but qu'elle s'est proposés? La Charte n'a-t-elle assujetti les ministres à la responsabilité qu'envers le Roi? et à l'accusation qu'envers les Chambres? Cette leçon, il faut en convenir, a lieu de surprendre : examinons-la cependant.

L'article 13 de la Charte déclare le Roi inviolable et les ministres responsables.

A qui la Charte attribue-t-elle la poursuite et la responsabilité des ministres? Elle ne s'explique pas à cet égard, mais il n'est pas possible de se méprendre sur sa volonté. Sans contredit, cette responsabilité des ministres ne peut être exercée que par le Roi ou par les Chambres, et si elle n'appartient pas

---

(1) *Ibid.*

au Roi, elle doit nécessairement faire partie de la prérogative des Chambres.

Or, peut-on penser qu'en assujettissant les ministres à la responsabilité, la Charte ait eu la volonté de l'attribuer au Roi? N'est-il pas certain que le Roi peut l'exercer indépendamment de la Charte, et sans son autorité? La responsabilité des ministres envers le Roi est nécessaire et inhérente à leurs fonctions, et la suite du pouvoir qu'ils ont reçu de lui. *C'est*, dit l'honorable rapporteur, *la condition nécessaire sous laquelle le ministre a pu disposer de ce pouvoir, et cette condition ne fût-elle pas exprimée est toujours censée implicitement convenue* (1).

Ce serait donc sans objet que la Charte aurait déclaré les ministres responsables, si elle avait voulu que leur responsabilité ne fût exercée que par le Roi. Sa disposition serait surabondante et par conséquent inutile; conséquence tellement absurde, qu'elle suffirait pour démontrer le vice du principe dont elle dérive.

Il faut donc de toute nécessité que la responsabilité des ministres, établie par la Charte, soit dévolue à une autorité différente de celle du Roi, à une autorité qui ne pourrait pas l'exercer, si la

____

(1) *Ibid.* page 18.

Charte n'existait pas. Cette leçon de la Charte me paraît la seule bonne, parce qu'elle me paraît la seule raisonnable.

Or, cette autorité que la Charte a voulu investir de la responsabilité des ministres, n'est et ne peut être que celle des Chambres. Entre une foule de raisons qu'on pourrait en donner, je m'arrête à une seule qui me paraît décisive. Je la puise dans la Charte elle-même.

Dans l'art. 55 elle donne à la Chambre des députés le droit d'accuser les ministres devant la Chambre des pairs, et à la Chambre des pairs le droit de les juger.

Il est vrai que l'art. 56 limite l'accusation aux seuls cas de concussion et de trahison.

Mais de la concordance de ces deux articles, il résulte évidemment que les ministres sont dépendans de la juridiction des Chambres, et par conséquent il est rigoureusement vrai de dire qu'ils sont responsables envers elles. Car il serait par trop étrange qu'elles pussent les traduire en jugement, et les condamner à des peines sévères, et qu'elles n'eussent pas la faculté d'exercer les parties moins rigoureuses de la responsabilité. C'est bien le cas d'invoquer ici la maxime, que *qui peut le plus, peut le moins.*

Dira-t-on que la responsabilité et l'accusation

sont indivisibles, identiques et unes ; ou, en d'autres termes, les ministres ne sont-ils responsables que quand ils peuvent être traduits en jugement ? Cette opinion me paraît dénuée de toute apparence de raison.

Sans doute l'on conviendra que la responsabilité et l'accusation sont, par rapport au Roi, deux choses distinctes et différentes, et qu'il peut exercer l'une ou l'autre, suivant les circonstances. Sans doute personne n'oserait prétendre que le Roi ne peut pas poursuivre la responsabilité de ses ministres, sans poser des faits capables de fonder une accusation. Une telle hérésie révolterait tout le monde, parce que tout le monde sait que la responsabilité étant la conséquence nécessaire de toute administration, elle doit atteindre les erreurs et les méprises, comme les abus et les crimes, et que le Roi peut frapper le mauvais ministre, comme le ministre coupable, et ne mettre entr'eux d'autre différence que celle qui résulte de la gravité de leurs torts. La responsabilité n'est donc pas pour le Roi la même chose que l'accusation.

Pourquoi donc en serait-il autrement pour les Chambres ? Pourquoi l'accusation et la responsabilité seraient-elles à leur égard une seule et même chose ? Pourquoi la Charte ne leur aurait-elle pas attribué toute l'autorité que la nature des choses donne au Roi sur ses ministres? Cette autorité ne serait-elle pas aussi bienfaisante dans un cas que dans l'autre? Elle garantirait l'Etat d'une administration faible ou vicieuse, non moins funeste aux peuples qu'une administration criminelle ou perverse; elle préviendrait le scandale des accusations, ou le danger de l'impunité. Le trône en serait d'autant plus affermi, qu'il ne serait plus ébranlé par les fautes ou les crimes de l'administration, et le monarque serait d'autant plus puissant qu'il se présenterait toujours à la pensée de ses sujets, comme l'auteur de leurs prospérités, et qu'on ne pourrait jamais lui imputer leurs adversités.

Mais dût-on, suivant l'opinion de l'honorable rapporteur, identifier la responsabilité avec l'accusation, il me paraîtrait encore évident que l'accusation serait impossible, et la responsabilité un vain épouvantail, si les ministres ne devaient être comptables qu'au Roi des ordres qu'ils ont reçus de lui, si les Chambres ne devaient prendre aucune connaissance de ces comptes, si elles ne devaient point surveiller l'emploi des deniers publics, et si elles ne pouvaient inculper les ministres qu'autant qu'elles seraient en état de poser des faits capables de fonder une accusation.

Car d'où peuvent sortir les faits capables de fonder une accusation contre les ministres, si ce

(74)

n'est des comptes de leur gestion et administration,
si ce n'est de l'emploi qu'ils ont fait des deniers publics confiés à leur direction ? C'est dans leurs
comptes que reposent les faits de concussion ; ces
comptes doivent donc nécessairement être à la disposition des Chambres, afin qu'elles puissent exercer sur les ministres la responsabilité ou l'accusation
que la Charte leur attribue. Vouloir qu'elles ne
puissent accuser sans preuves, et leur refuser les
moyens de parvenir aux preuves, ce serait une in-
tolérable contradiction. Que dirait-on d'un juge
qui imposerait à celui qui accuse une pièce de faux,
l'obligation de prouver la fausseté de la pièce sans la
voir ou avant de l'avoir vue ? Ne serait-il pas accusé
d'absurdité ou d'une coupable prévention ? Qui
veut la fin, veut les moyens. La Charte donne aux
Chambres le droit d'accuser et de juger les ministres, pour faits de concussion et de trahison ;
elles ont donc le droit de surveiller l'emploi des
deniers publics, de prendre connaissance de tous
les comptes de cet emploi, et de se faire communi-
quer tous les actes de leur gestion et administration.
Toute autre doctrine me paraît évasive et subver-
sive de la responsabilité établie par la Charte. N'oublions pas que la Charte a placé la responsabilité
des ministres à côté de l'inviolabilité du Roi, comme
si elle avait voulu avertir que l'une est la garantie et

le fondement de l'autre, et qu'affaiblir la responsabilité, c'est altérer l'inviolabilité.

Ce n'est pas seulement pour exercer leur juridiction sur les ministres, que les Chambres ont le droit de surveiller leur gestion et celui de prendre communication des comptes qu'ils rendent au Roi, c'est encore et sur-tout pour garantir le peuple des dangers et des calamités d'une mauvaise administration.

Aux termes de l'article 19 de la Charte, les Chambres ont le droit de proposer au Roi des mesures législatives pour remédier aux vices de l'administration des deniers publics; mais comment pourraient-elles en faire usage, si elles ne devaient pas surveiller l'emploi des deniers publics, si elles ne devaient prendre aucune connaissance de la gestion et de l'administration des finances, et si elles devaient s'interdire toute participation dans les comptes qui en sont rendus au Roi, jusqu'à ce qu'elles fussent en état de poser des faits capables de fonder une accusation ?

Allons plus loin :

Comment les Chambres pourraient-elles voter le budget annuel, si elles ne savaient pas à quelle somme se sont élevées les dépenses des budgets antérieurs, combien ont produit les contributions, combien a coûté leur perception, quelles contributions ont été plus ou moins productives, plus ou moins onéreuses aux contribuables, plus ou moins préjudiciables à la prospérité publique? Tous les documens indispensables à leur mission, sont dans les comptes de l'administration des finances; elles ont donc le droit incontestable d'en prendre connaissance, et même d'en requérir la communication, et elle ne peut leur être refusée sans porter atteinte à leur prérogative.

L'honorable rapporteur a si bien senti le peu de fondement de sa doctrine, « qu'il avoue que » la publicité des comptes de finances, sans com- » promettre en aucune manière l'autorité du Roi, » ne peut que fortifier la confiance du peuple, » ajouter à sa sécurité, et que ce moyen sera tou- » jours un des ressorts les plus actifs et les plus » solides du crédit public (1) ».

Si la publicité des comptes de finances est sans inconvénient, ou plutôt si elle est infiniment avantageuse, ce n'est que parce qu'elle donne au peuple le moyen de connaître et de surveiller l'emploi des deniers publics, de contrôler la gestion des ministres, et d'exercer contre eux une censure salutaire et réprimante. Pourquoi donc l'honorable rap-

____

(1) *Ibid.* page 29.

porteur refuse-t-il aux députés du peuple un droit, ou, si l'on veut, une faculté qu'il accorde au peuple ?

Serait-ce parce que, comme il le dit, *la surveillance de l'opinion publique n'est point une autorité agissante, mais un miroir fidèle qui réfléchit aux yeux du Roi le bien et le mal de son administration ?*

Il me semble au contraire qu'on ne peut pas mettre en balance les dangers de la surveillance de l'opinion publique et ceux de la surveillance d'une autorité régulière, quelque agissante qu'elle soit. On sait à quel point l'opinion publique est susceptible de prévention, de séduction et d'erreur, surtout en matière de finances et d'emploi de deniers publics; combien il est difficile de l'éclairer, de la redresser et de la faire revenir de ses jugemens erronés ou précipités. Une autorité régulière trouve au contraire dans ses procédés, dans ses délais, dans ses formalités, des moyens de se garantir de prévention, de surprise et d'erreurs, de reconnaître et de faire triompher la vérité et la justice. C'est dans cette pensée, qu'à mesure que la civilisation a fait des progrès on a senti davantage le besoin et la nécessité de régulariser l'opinion publique, et l'on y a parfaitement réussi en lui donnant, dans une Chambre de députés, un organe régulier et légal. Combien donc ne doit-on pas être surpris de voir l'honorable rapporteur donner à l'opinion publique le caractère d'un miroir fidèle, qui réfléchit aux yeux du Roi le bien et le mal de son administration, et lui donner la préférence sur les Chambres, autorités dangereuses, parce qu'elles sont agissantes. Je doute que les ministres, et sur-tout le ministre des finances, soient disposés à partager sa prédilection pour ce miroir fidèle, dont on ne trouve pas la moindre trace dans la Charte.

Mais, dit l'honorable rapporteur, qu'on ne se figure pas « que les ministres chargés de la disposi-
» tion des deniers publics aient pu, dans aucun
» temps, abuser impunément de leur emploi,
» parce qu'ils n'en étaient pas comptables envers
» des délégués populaires. Nos Rois ont bien su faire
» une justice sévère des ministres infidèles et pré-
» varicateurs, et sans remonter au-delà du 14ᵉ siècle,
» on trouve depuis Enguerrand de Marigny, jus-
» qu'à Fouquet, plus de vingt surintendans des
» finances ou de trésoriers de l'épargne, recher-
» chés pour leur gestion, et, dans ce nombre, la
» moitié au moins payèrent de leur tête les dila-
» pidations ou les concussions dont ils étaient ac-
» cusés (1) ».

Ces exemples me paraissent aussi peu rassurans

____

(1) *Ibid.* page 29.

pour les peuples que pour les ministres, et je doute qu'ils soient propres à produire l'effet que l'honorable rapporteur s'en est promis.

On sait en effet que le même prince qui, en 1315, fit condamner Enguerrand de Marigny à être pendu, et qui lui fit subir sa peine, était son ennemi personnel; il témoigna, à ses derniers momens, de vifs remords d'avoir porté si loin son ressentiment, et effaça, autant qu'il était en lui, la tache qui avait flétri la mémoire de sa malheureuse victime (1).

Jean de Montaigu, qui eut la tête tranchée en 1415, à l'époque des épouvantables factions des Armagnacs et des Bourguignons, n'a-t-il pas été pleinement réhabilité par la mémorable réponse du célestin de Marcoussi à François Ier?

L'histoire n'a-t-elle pas dit de Jacques-Cœur, condamné aussi pour de prétendues malversations, qu'on aurait dû lui élever des autels et non l'envoyer à l'échafaud ; qu'il avait aussi bien servi le Roi dans ses finances que les Lahire, les Dunois et les Xaintrailles par leurs armes ; que le Roi l'abandonna à ses ennemis ou plutôt à l'avidité des courtisans qui partagèrent sa dépouille, ou se donnèrent quittance des sommes qu'il leur avait prêtées ; et que peut-être même il entra dans sa condam-

____

(1) Hist. du prés. Hénault, ann. 1315.

nation un peu de jalousie de l'attachement qu'il avait pour le Dauphin (1)?

Ai-je besoin de rappeler que Beaune de Semblançai, qui périt comme coupable du divertissement des fonds destinés à Lautrec, fut victime de sa confiance dans la mère du Roi, qui reçut les fonds pour les faire passer à Lautrec, et qui, après les avoir dissipés, fit retirer ses quittances par une de ses femmes, dont le commis de Semblançai était amoureux (2)?

Sans doute Fouquet était coupable des plus grandes dilapidations, mais c'est encore un problème historique de savoir si la punition qui lui fut infligée fut le résultat de son crime, ou de l'outrage qu'il avait fait à l'objet des affections du monarque.

Je m'arrête là, et peut-être en ai-je trop dit sur ce point délicat ; ce qu'il y a de certain, c'est que notre histoire a pris soin de justifier presque tous les ministres qui ont succombé sous l'accusation de péculat, de concussion et de malversation, et qu'elle n'a que faiblement censuré tant de ministres prodigues ou avides, qui transmirent à leurs héritiers des fortunes scandaleuses, enle-

---

(1) *Ibid.* ann. 1453.
(2) *Ibid.*

rées au trésor royal ou arrachées à la misère des peuples.

Il n'y a donc pas lieu de craindre que la sévérité de nos Rois, contre les administrateurs de leurs finances, décrédite la responsabilité consacrée par la Charte. Il me semble au contraire, que si la raison ne l'avait pas conseillée, l'expérience aurait dû la commander. Elle est à-la-fois la sauve-garde du monarque, des ministres et du peuple.

Doit-on être plus touché de ce qu'a dit l'honorable rapporteur de la comptabilité ministérielle, sous notre ancien gouvernement ?

« Lorsqu'en 1661, a dit l'honorable rappor-
» teur, la charge de surintendant des finances fut
» supprimée, le Roi s'en réserva les attributions
» qu'il exerça toujours depuis, dans un conseil de
» finances, composé de magistrats profondément
» versés dans les matières d'administration et de
» comptabilité publique. Tous les ans on arrêtait
» dans ce conseil, sous le nom d'états du Roi, des
» rôles où étaient énumérées, en détail, toutes les
» charges dont le paiement était assigné sur les
» diverses espèces de revenus. Ces états du Roi
» formaient le budget de l'année, et comprenaient
» la totalité des crédits ouverts aux différens or-
» donnateurs en chef des dépenses. Lorsque l'exer-
» cice était terminé, les agens généraux des divers

» services présentaient au même conseil royal, sous
» le nom d'états au vrai, les comptes détaillés des
» recettes faites et des dépenses effectuées pendant
» l'exercice; et ces états au vrai, d'après les édits
» et réglemens de 1669 et de 1717, ne pouvaient
» être portés aux chambres des comptes qu'après
» avoir été vérifiés et arrêtés au conseil du Roi (1) ».

Ainsi la garantie de la comptabilité ministérielle reposait sur l'autorité d'un conseil de finances présidé par le Roi, et composé de conseillers-d'état; mais ces conseillers-d'état n'étaient pas supérieurs aux ministres, ils n'en étaient pas même indépendans; ils n'avaient aucun moyen de vérifier les états qui leur étaient présentés; et il n'est pas sûr qu'ils eussent la liberté d'en dire leur opinion. Tout leur travail se bornait donc à sanctionner aveuglément celui des ministres; et s'il fallait, à cet égard, en donner une preuve irrécusable, ne suffirait-il pas de remarquer qu'à aucune époque de l'ancienne monarchie on n'a connu la véritable situation des finances, ni pu déterminer la quotité du déficit des moyens destinés à pourvoir aux besoins publics? Le déficit a toujours été un problème insoluble dans l'histoire de nos finances; et à une époque bien rapprochée de nous, nous avons été témoins de la

____

(1) *Ibid.*

lutte scandaleuse de deux ministres célèbres sur ce sujet important, et c'est encore un problème de savoir qui avait tort ou raison.

Comment donc se persuader que lorsqu'on était dans une ignorance absolue du déficit, on eut une bonne comptabilité ministérielle? Des comptes ne peuvent être regardés comme finis et terminés que lorsqu'ils présentent la recette totale, la dépense totale, et leur identité ou leur différence. L'ignorance d'un de ces trois termes rend toute comptabilité incomplète et défectueuse. Il n'y a alors que des aperçus, des approximations, des à-peu-près, et l'on sait tout ce que cet état de choses peut comporter d'abus, de désordres et d'inepties.

Depuis que la France a des assemblées politiques chargées de la surveillance de l'emploi des deniers publics, on a essayé d'organiser une trésorerie, seul moyen d'obtenir une comptabilité ministérielle; mais on a toujours manqué le but, parce qu'on ne s'était pas formé des notions exactes du sujet.

L'assemblée constituante créa une trésorerie indépendante du pouvoir royal, ce qui la jeta dans des écarts monstrueux, et la conduisit à des mesures attentatoires à la monarchie, sans lui procurer une bonne comptabilité.

Les gouvernemens postérieurs s'efforcèrent de

rectifier cette première erreur, et parvinrent à établir un assez bon système de comptabilité matérielle, mais ils ne s'élevèrent point jusqu'à la comptabilité ministérielle.

Le dernier gouvernement se créa une comptabilité sur le plan de la comptabilité de commerce, et celle-là est aussi parfaite qu'elle peut l'être ; mais elle est encore limitée à la comptabilité matérielle. Aussi ne rassurait-elle que faiblement le chef de ce gouvernement, qui, pour calmer ses craintes, fit sortir la chambre des comptes de dessous des décombres de la révolution ; mais il supposait à cette institution des facultés qu'elle n'a pas, et malgré la grandeur de sa dotation elle resta ce qu'elle fut et sera toujours, un simple bureau de révision de la comptabilité matérielle.

Je ne crains pas de le dire, la comptabilité ministérielle n'a jamais existé en France ; jamais il n'y a eu de moyen de connaître et de vérifier l'emploi des deniers publics confiés à chaque ministre ; toujours chaque ministre a été le maître de disposer selon son bon plaisir des fonds affectés à son ministère ; toujours chaque ministre est resté seul régulateur de ses comptes.

Cette faculté ne leur a pas même été réservée exclusivement ; que de préfets en ont fait usage !

que de conseils généraux (1), que de maires des grandes communes ont supposé des dépenses qui n'ont jamais existé, afin d'employer à d'autres destinations les fonds qui y étaient affectés! Je n'accuse point ce détournement des deniers publics, mais s'il est exempt de blâme, l'ordre public qui a nécessité de pareils abus ne l'est pas, et c'est tout ce que j'ai voulu dire.

L'Angleterre elle-même, quoique mieux garantie que la France, par son acte d'appropriation, n'est pas encore tout-à-fait à l'abri de l'imperfection de la comptabilité ministérielle. Elle n'a pu jusqu'ici en prévenir les vices que par des commissions spéciales, prises dans la chambre des communes, et malgré les efforts et les succès de ces commissions, les écrivains les plus estimés conviennent, qu'on n'a pas encore de méthode assez simplifiée pour rendre les comptes intelligibles à tout lecteur (2).

Je ne me propose pas, et ce n'est pas ici le lieu d'indiquer ce qu'il faudrait faire pour remplir cette lacune importante dans notre système administra-

---

(1) L'aveu en a été fait à la tribune de la Chambre des députés, par M. le marquis de Saint-Géry.

(2) Traité sur la richesse, la puissance et les ressources de l'Angleterre, dans toutes les parties du Monde, par Colquhoun, pag. 204.

tif; ce travail serait au-dessus de mes forces ; il me
suffit d'avoir montré qu'il est à faire, et qu'il est de
la plus haute importance qu'il soit fait. J'ajouterai
que le véritable moyen de l'obtenir est de reconnaître à la Chambre des députés le droit de surveiller l'emploi des deniers publics, et de lui bien
persuader que cette partie de sa mission est, sinon la plus importante, du-moins la plus utile au
peuple.

Si, du point où je suis parvenu, je reporte mes
regards sur l'ensemble de la discussion qui m'a oc-
cupé, j'éprouve un sentiment qui sera, je crois,
partagé par tout lecteur attentif et sans prévention.

C'est un sentiment d'admiration et de recon-
naissance pour la Charte, qui, en plaçant sous la
sauve-garde de la loi la fixation des dépenses publiques, le choix des moyens destinés à les acquitter
et l'emploi des deniers publics, a si franchement et si
loyalement mis la fortune du peuple à l'abri de toute
atteinte ; que les députés s'acquittent fidèlement
des devoirs que la Charte leur impose, et pourquoi s'en dispenseraient-ils ? et les besoins publics
seront réglés et satisfaits avec autant d'ordre, de
régularité et d'économie, que ceux d'une famille
bien ordonnée, bien réglée et bien surveillée.

Ce n'est pas, je l'avoue, l'affaire d'un jour, puisque nous en sommes encore à reconnaître les droits constitutionnels de la Chambre des députés en matière de finances ; mais le doute, sur ce point important, ne saurait être de longue durée. La Charte est positive, claire et explicite. Elle n'a besoin, ni de commentaire, ni d'interprétation, et, si elle en avait besoin, il ne faudrait avoir recours ni aux principes de *toute* monarchie, ni même aux usages de notre antique monarchie. Ce n'est pas que les uns et les autres n'aient eu aucune part à ses dispositions, mais il ne serait pas plus sage de les consulter sur le véritable sens de la Charte, qu'il ne serait raisonnable d'aller chercher les justes proportions des palais de nos Rois dans les gothiques hôtels de la rue Barbette ou du Châtelet. Les idées des hommes et les institutions des peuples dérivent toutes les unes des autres, et qui pourrait suivre leur généalogie, les ramènerait à une origine commune ; mais après plusieurs générations elles n'ont plus ni conformité, ni ressemblance, et ne se rapprochent par aucun côté.

Les dispositions de la Charte sur les finances forment un droit nouveau, résultant de nouveaux devoirs ; et c'est dans la raison des uns et des autres qu'il faut désormais chercher leur nature, leurs lois et leurs règles. Jamais on ne s'égarera si, à l'exemple du monarque législateur, on n'est guidé que par tout ce qu'il y a de grand, de noble et de généreux. Tout autre esprit, toute autre intention, seraient en opposition avec l'esprit et l'intention du législa-teur, dénatureraient son ouvrage, altéreraient ce monument éternel de son amour pour son peuple, et nous replongeraient dans les angoisses des discordes civiles que sa sagesse a apaisées, et qu'on ne peut faire revivre sans renverser la Charte, ce pacte d'alliance et de réconciliation de tous les Français.

FIN.